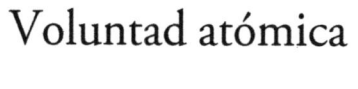

Voluntad atómica

Voluntad atómica

Convierte el esfuerzo en tu mejor jugada

Adolfo Santos Folch

Prólogo de Victor Küppers

Plataforma
Editorial

Primera edición en esta colección: marzo de 2026

© Adolfo Santos Folch, 2026

© del prólogo, Victor Küppers, 2026

© de la presente edición: Plataforma Editorial, 2026

Plataforma Editorial
c/ Muntaner, 269, entlo. 1.ª – 08021 Barcelona
Tel.: (+34) 93 494 79 99
www.plataformaeditorial.com
info@plataformaeditorial.com

Depósito legal: B 3022-2026
ISBN: 979-13-87813-47-5
THEMA: VS

Printed in Spain – Impreso en España

Ilustración de cubierta e interiores:
Pablo Nanclares

Realización de cubierta:
Grafime, S.L.

Fotocomposición:
gama, sl

El papel que se ha utilizado para imprimir este libro proviene
de explotaciones forestales controladas, donde se respetan
los valores ecológicos y sociales, y el desarrollo sostenible del bosque.

Impresión:
QP Print

A José Alfredo Rodríguez Bango.
Por inspirarme como nadie supo.

... oteemos entre los contactos del móvil
y en todas las esquinas,
que ahí tenemos a los ángeles de nuestra vida.

Índice

Índice

Prólogo

Para mí es un honor que Adolfo me haya pedido escribir este prólogo. Un honor y también un compromiso, porque yo no escribo bien. Me siento más cómodo hablando o leyendo, escribir no es lo mío. De todos modos, he de decir que lo hago con alegría porque me encanta este libro y porque admiro y respeto mucho a Adolfo.

Yo me dedico profesionalmente a divulgar ideas de los expertos en Psicología Positiva. No soy experto aunque me gustaría, claro, pero no soy una persona muy inteligente y lamentablemente no tengo esa capacidad que me convertiría en un experto. Mi trabajo es más sencillo, leo a los expertos y transmito sus ideas. El objetivo de la Psicología Positiva es ayudar a las personas a vivir con alegría, por supuesto que también con problemas, disgustos, preocupaciones, pero con ilusión, optimismo, alegría profunda y esperanza. Siempre he pensado que el problema de la Psicología Positiva está en su nombre. Interpretamos que debemos intentar estar siempre felices, contentos y sonriendo, y no son esas emociones las que deberíamos buscar. Es imposible estar siempre así y, además, sería agotador. Hay momentos en que la vida es muy divertida, pero también hay momentos en que es muy difícil, dura, a veces insoportable, y en esos momentos solo podemos sentir enfado, tristeza o frustración. Son emociones naturales que no podemos evitar, aunque queramos. Vamos a sentir muchas veces esas emociones, y lo que tenemos que hacer es aprender a gestionarlas, no podemos pararnos en ellas. Entender que en la vida se atraviesan túneles, es inevitable, pero son túneles, no pozos, y de los túneles se sale si uno sigue caminando hacia delante. Hay momentos para llorar y sentirse desanimado, pero también hay otros para levantarse y seguir adelante. Estar desanimado no es ser mala persona, en una sociedad que nos exige estar siempre felices y de buen humor. Estar desanimado puede ser lógico y puede convertirse en algo muy corriente y cotidiano cuando miramos a nuestro alrededor y observamos que vivimos en un mundo que se ha vuelto loco, que cuando no es una guerra es un terremoto, cuando no es un político corrupto es un atentado, cuando no es una pandemia son unos aranceles. Si añadimos los problemas profesionales y personales parece muy razonable no sentir alegría.

Si notas que estás perdiendo el ánimo, que vas sin alegría, que estás perdiendo la ilusión, si no disfrutas de tu trabajo, si estás esperando que llegue el fin de semana, entonces tienes que reaccionar porque es algo habitual, pero no normal. Y que sea habitual no significa que sea normal. Porque el día que asumes que el desánimo es lo normal, entonces no haces nada para cambiarlo, te resignas, te conformas y cuando alguien coge este camino es cuestión de tiempo que en tu vida queden únicamente tres palabras: amargura, tristeza y malhumor. No merecemos vivir sin ganas, sin alegría, sin ilusión; no podemos conformarnos con la frustración, la pena o la desolación. ¿Y cómo lo conseguimos? La Psicología Positiva nos recuerda que, en la vida, no se trata de vivir feliz, se trata de vivir con sentido. No se trata de estar siempre contenta, se trata de hacer el bien y hacerlo bien. No se trata de estar siempre riendo, se trata de estar orgulloso de tu forma de ser y de tu forma de hacer. Se trata de luchar cada día para ser la mejor persona que puede llegar a ser, como profesional, padre, madre, pareja, amigo.

No tienen ningún sentido buscar una alegría artificial, pasajera y voluble. Tenemos que aspirar a alcanzar una alegría profunda, una satisfacción interior del alma que nos dé serenidad y paz interior, y eso tiene que ver con tu forma de ser y con tu forma de hacer, que no son fruto del azar, sino la consecuencia de unos pensamientos, valores y actitudes concretas. Esa alegría profunda está más en sintonía con palabras como bondad, compasión, altruismo, solidaridad, generosidad, que con una vida enfocada en los placeres, el consumo, el materialismo y el individualismo egoísta. Estoy escribiendo este prólogo el día que se ha anunciado la muerte del papa Francisco y quizá por ello me siento condicionado por la imagen y el recuerdo de esta persona buena, que nos recordó la importancia de no perder nunca la esperanza, y de la necesidad de ser muy sensibles al sufrimiento ajeno. Todos queremos sentirnos felices; en el fondo de cada uno de nosotros existe el anhelo de vivir una vida grande, de aportar, de ser buenas personas, de ayudar a los demás, de luchar por valores y principios que valen la pena, pero vivimos en una sociedad que nos anestesia, en un capitalismo salvaje que nos empuja como borregos a consumir y a buscar una satisfacción egoísta que es la que nos impide alcanzar una alegría profunda, una vida con sentido. El gran problema es vivir en función del entorno, de las circunstancias, de los impactos sociales y comerciales que recibimos; vivir como pollos sin cabeza, cuando la clave estaría en ser conscientes. Ser conscientes para evitar vernos arrastrados a una inconsciencia provocada por un ritmo de vida frenético; ser conscientes de que nuestra felicidad está en desarrollar una mente bondadosa; ser conscientes de que, como decía Aristóteles, la felicidad está en hacer el bien. Nuestra alegría interior, nuestra satisfacción profunda proviene de tener una mente bondadosa, y esta se consigue desarrollando una manera de ser y una manera de hacer que provoca un estado mental de bienestar y un estado de ánimo de profunda alegría. En un mundo cada vez más hostil, agresivo y egoísta, necesitamos reivindicar la importancia del altruismo, la bondad, la compasión, la solidaridad y la sensibilidad al sufrimiento ajeno. Los valores humanos, intensamente vividos, son una fuente enorme de alegría. Cuando nos esforzamos por hacer el bien y ser mejores personas, mayor es nuestra alegría y más sentido tiene la vida. Cuando actuamos con bondad hay algo en nuestro interior que nos dice que es lo correcto.

Para comprender y entender estos objetivos vitales hace falta encontrar momentos para la reflexión, buscar espacios para el silencio, encontrar oportunidades para escuchar nuestra conciencia, alimentar el alma con ideas, pensamientos, consejos y consideraciones que nos ayuden a encontrar nuestro camino.

*Este maravilloso libro de Adolfo
es una gran inspiración en este sentido,
porque nos recuerda que todos podemos hacer
de nuestra vida una obra de arte desde donde estamos,
con lo que tenemos y con lo que hacemos.*

Podemos ser peones de segunda o de sexta, y ese es el gran reto que nos propone Adolfo: pensar en grande para hacer de nuestra vida algo grande.

VICTOR KÜPPERS
Camprodon, 21 de abril de 2025

Sobre el libro

Apreciado lector:

Este libro es una historia de vida, una que seguramente es como tantas otras pero que cambió de rumbo: la de Adolfo.

Escrita desde dentro, con cariño y atrevimiento, invitando al pensamiento y a la acción.

Si decides seguir adelante con su lectura deberás armarte de valor y saber que algunas palabras serán duras. Te ruego que como lector enfoques positivamente dichas palabras porque solo así se puede crecer. Si te duelen algunas de ellas es muy probable que te estén indicando hacia dónde debes enfocar tu mirada y profundizar en ti, desde la crítica constructiva propia hacia uno mismo, eliminando tus «esques» y cambiándolos por tus «hayques».

Sabemos muy bien qué haríamos si tuviéramos tal o cual problema de nuestro vecino, pero ¿qué haces tú en tu lugar con tus propios problemas? ¡Pregunta complicada! ¿Qué te parecería que te dijera que si lees este libro te daría las instrucciones sobre lo que tienes que hacer, que es la solución?... ¿Te sentirías aliviado? No hay respuestas estándar para todos, pero sí necesitamos hacernos las preguntas adecuadas y después decidir en libertad lo mejor para nosotros mismos. La libertad de elección es una mala y una buena noticia a la vez: no puedes echarle la culpa a nadie de tus decisiones, pero todo el poder de elección y de decisión está dentro de ti. Esto puede suponerte una gran carga, pero así es la responsabilidad de tu vida: todo poder conlleva una gran responsabilidad y lo que es igual de maravilloso, toda responsabilidad conlleva un gran poder ☺.

ESTE LIBRO PRETENDE QUE REFLEXIONES Y TOMES DECISIONES. Si quieres, claro. Mejor ir un poco orientados en la vida que a ciegas, y qué mejor manera que tomar nota de lo que les pasó a otros a los que les fue bien. Quizás el ejemplo de Adolfo te pueda servir de patrón de lo que hay que hacer.

Jugar al ajedrez siempre me ha parecido complicado. No digo simplemente mover las fichas, eso lo aprende cualquiera. Digo jugar. Porque eso requiere mucho estudio y estrategia. Así que es igualito que la vida. Se trata de un interesante paralelismo que puedes descubrir a lo largo de estas páginas con la metáfora del «peón en sexta».

Al leer este libro he descubierto información muy valiosa para seguir aprendiendo, y creo sinceramente que también podrá ser importante para ti; su uso dependerá exclusivamente de tus reflexiones. Tras su minuciosa lectura y debido a la diversidad de sus aportaciones, he decidido elaborar un pequeño «Manual de instrucciones» que te sirva de orientación para que puedas aprovechar al máximo sus palabras, es el siguiente:

- Este es un libro de gente normal con la que te sentirás identificado, como tú y como yo, bajo pseudónimos de ajedrecistas. Tenlo en cuenta porque te sentirás reflejado con las historias que cuenta.

- Te recomiendo que lo leas lentamente y que releas su contenido: sus palabras están cuidadosamente seleccionadas para decir exactamente lo que quieren decir. Analízalas.

- Subraya, coge papel y bolígrafo y haz anotaciones personales en una hoja de tu puño y letra o en la libreta que tengas más cerca. Mejor siempre escribir a mano.

- Adolfo ha resumido para ti las ideas más importantes de muchas personas que pueden ser referentes en diversas cuestiones de la vida para que disfrutes de sus enseñanzas. Si quieres ampliar tu trabajo personal, toma nota de los autores mencionados y sus libros, pódcast, TikTok... En ellos encontrarás poderosas ideas que seguramente te aportarán información interesante que podrá mejorar tu vida si las aplicas.

Te dejo con la lectura. Yo voy a coger mi libreta y mi bolígrafo para comenzar a hacer deberes. Este libro me ha puesto muchos y muy interesantes. Cuanto antes empiece, mejor. Sin más que decirte, bienvenido a la aventura de la vida de un entusiasmo útil... para no ser un muerto en vida.

PATRICIA BLANCO,
maestra y sindicalista, y agrego yo,
que para eso soy el ejecutor de esta creación
colectiva: ¡una auténtica joya!

Introducción

Voluntad atómica es la vida misma. La de alguien devorado por la melancolía aun sabiendo que venimos a este mundo a disfrutar más que menos, a ayudar en lo que podamos y no a sufrir como perros abandonados ni a...

- vivir en el pasado o en el futuro sin disfrutar del presente,
- pensar que la felicidad lo da lo externo y no lo interno,
- sentir pecados «capitales» —envidia cochina, codicia del dinero, egoísmo tonto...— sin saber coger el camino de virtudes como la alegría, la aceptación o el agradecimiento,
- fallar a mi palabra por no hacer lo que me propongo,
- padecer ansiedad por no saber lo que quería,
- no ser directo ni generar interés al no ser práctico,
- descuidar la salud a pesar de saber que, si estamos bien o no, depende en «gran» medida de cómo nos tratamos,
- o poner el curro en el centro de todo sin equilibrarlo con áreas clave como son la vida personal y la social.

Mis desatinos pueden servirte de espejo.

La manera que te propongo de *estar bien* es a través de los hábitos de pensamiento y comportamiento.

Reflexión y acción para que seas alguien con entusiasmo útil. (Una persona de la que te sientas orgullosa).

¿Cómo lograrlo?

Todo a su tiempo. Pero te anticipo algo: la fe que tengas en ti o, lo que es lo mismo, cómo te ves, es de lo más importante ya que —junto a la voluntad y el entusiasmo— son las tres actitudes más relevantes que están en nuestras manos para desarrollarnos al máximo.

La fe ciega, el entusiasmo útil
y la voluntad atómica, bien combinadas,
estoy convencido de que nos llevan
a la maestría.

¿Y sabiendo esto por qué no hacemos por estar bien?

Porque lo olvidamos. (Por eso te lo recuerdo). Y porque cuesta mucho. Requiere práctica, práctica y más práctica deliberada.

Confía en que...

- Te empujaré a que hagas lo que te ENTUSIASMA —he visto demasiada gente a la que la vida le ha cambiado en un momento, como para no hacerlo—.
- Te daré pautas claras para que PERSEVERES en lo que te embarques.

- Y comprobarás el poder de la FE —magia al combinarlo con la práctica— para que puedas desplegar tu potencial.

¡Buf! ¿Otro libro de autoayuda?

Sí, pero de los buenos. De los que te demuestran que «hace más el que quiere que el que puede».

La pregunta es de nuevo «¿y cómo lograr vivir con entusiasmo útil... para no ser un muerto en vida?».

Vamos a ello...

Aclaraciones

Escribo este capítulo al principio con un único fin: que no te dejes llevar por la primera impresión —o sí—, pero, sobre todo, para que sepas a qué atenerte, que no te lleves a equívocos, pues este libro no ayuda a todo el mundo, pero estoy convencido de que a ti sí te puede ayudar.

Una de las preguntas que tengo muy dentro es la siguiente: «¿Cómo conseguir que me leas entre tantísimos autores que pretenden lo mismo que yo?». Esta duda lleva taladrándome años, y al final mi respuesta, tras más de dos mil días de buscar la mejor manera, es esta: SER HONESTO. Aunque tiene sus riesgos ser completa y cruelmente honesto conmigo mismo —en especial, respecto a mis peores facetas—, prefiero contar las cosas tal y como las viví y como las veo con un decálogo que te muestro a continuación.

Estructura

Los capítulos de la obra siguen una estructura temporal. Una primera época más «ceniza» (del ayer); una segunda más luminosa (del hoy) con escritos más entusiastas, perseverantes y con mayor fe, que fueron plasmados cuando terminó toda la fase ceniza; y una tercera más incierta (de lo que venga) cuyo corolario está por plasmar.

Dentro de la etapa negra, «Malviviendo» es la imagen del ayer mal asumido, de la nostalgia, de una persona destrozada por dentro que ya no es ni sombra por fuera de lo que fue. Ya sabes, el mundo interior se acaba reflejando en el exterior. El último texto de la época ceniza, «Haz», responde a alguien más centrado y que ha salido del túnel. Entre «Malviviendo» y «Haz» hay un montón de capítulos (algunos me los guardo en el cajón para próximos libros) que se fueron redactando en días consecutivos, y donde se puede observar a una persona que al principio solo veía problemas, y que poco a poco pasó a enfocarse más en las soluciones que en los problemas.

No obstante, el camino nunca fue lineal y, en el segundo bloque de esta obra (el del hoy), verás muchas caídas y subidas en «Diazepam» e «Instantes», tal y como sucede en la vida de cualquiera. Se ilustra todo un proceso cíclico de construcción real por medio de dibujos y gráficos representativos de esos momentos pico y sima que viví y que evidencian que el crecimiento personal jamás es lineal. No somos diferentes.

Y qué decirte de los sueños del mañana con los vaivenes emocionales y las escasas certezas que ilustran los capítulos «Edén» y «Planes».

Por eso sé que puede servirte este libro, máxime si piensas que la dicha está, precisamente, en la escalada. Para dar fe de lo que te cuento disfrutarás de unas «Confesiones» muy útiles como colofón.

Los textos se fueron escribiendo y reescribiendo en el transcurso de los días y meses ¡y años! hasta que literalmente me convertí en otra persona. Pasé de ser un llorón, a verme —y que me vieran— como «un peón en sexta» centralizado. (Alguien que se sabe capaz y que, por tanto, ya no es tan llorón).

El libro que vas a leer no te dirá lo habitual en los libros de autoayuda actuales: que no vas a sufrir, que no eres responsable o que vas a lograr todo. No. Pero sí que vas a disfrutar aprendiendo a gestionar lo malo, ya que los problemas siempre van a estar ahí, que tú juegas la partida de la vida, y que vas a ser mejor si sigues leyendo hasta el final y te pones a aplicar desde ya a medida que interiorizas las ideas.

Voluntad atómica trata, ante todo, de desarrollo. Yo tuve que vivir las ideas que se mencionan en esta obra para aprenderlas y poder mostrarte desde el ejemplo personal y el de otros cómo mantenerte «firme» en el proceso de crecimiento para que puedas levantarte cada vez que te despeñes. La máxima que estará detrás de todo lo que te narre es la siguiente: lo que te hace más feliz es saber que estás cumpliendo.

Te preguntarás, ¿qué pintan las tres claves que te doy al final de cada capítulo? Te respondo: serán ideas prácticas que te llevarás, más allá de las que tú saques. A veces coincidirán; en otras ocasiones, estoy convencido de que te haré darle otra vuelta a las cosas.

¿Cómo?

Pues con los «espacios para pensar» que hay por el medio de los textos y que te citaba Patricia en el «Sobre el libro», que son unas líneas en blanco para que reflexiones, ya que muchos autores de referencia para mí (Julia Cameron, Marian Rojas Estapé, Isra Bravo...) coinciden en que la escritura es terapéutica y literalmente puede salvarnos la vida. Coge una libreta o una hoja y haz los ejercicios que te propongo.

¿Y por qué no hay «bibliografía»?

Pues porque encontrarás las referencias a libros o películas dentro de cada capítulo. Y si quieres sorpresas, espera a ver la «Personagrafía» que se muestra al final del libro.

El origen

La semana previa a la pandemia supuso un antes y un después: el mayor cambio a largo plazo de mi vida. Aquella segunda semana de marzo de 2020 miraba la barriga creciente, la cuenta corriente que no lo era tanto, y cómo me levantaba cada mañana —más confundido que decidido acerca de dónde estaba y, lo peor, de hacia dónde quería ir— y sabía que no iba bien; lo que me aguardaba tenía mala pinta; estaba atascado. Más bien «toqué fondo»: verme en neurología incapaz de decidir por mí mismo te sirve como muestra. Lo que sucedió antes y después es parte de esta obra.

Si eres de los que ven imposible vivir «chutados» de energía —también llegué a creerlo—, verás que te equivocas. ¿Crees que no puedo ayudarte? Comprensible. Sé que lo más preciado que tenemos es nuestro tiempo, pero permíteme una licencia para que sepas si estás acertando al elegir este libro: ábrelo al azar, léete un par de capítulos donde «caigas» y decide. También te digo que, por mucha inspiración que pretenda generar en ti, a veces solo se puede responder «voy tirando». Si hoy estás ahí, toca pasar el bache. Deambulas por un túnel, no en un pozo. Y necesitas ayuda para salir de ahí: de alguna voz amiga que sabe llegar a ti como nadie, e incluso, en los casos más severos, de un terapeuta.

¿Qué es ser «un peón en sexta»?

Lo que es, lo verás diseminado por esta obra. Una premisa es que todos somos peones: unos dormidos en las casillas de salida y otros avanzados llegando a ser candidatos para hacer algo muy grande, como los que pisan la sexta fila ya cerca de coronar y convertirse en la pieza más valiosa del tablero de la vida. ¿Que te revele en pocas palabras lo que es ser «un peón en sexta»? Te lo explico porque es el *leitmotiv* del libro y mereces saberlo para que entiendas todas las ideas de las que voy a hablarte: simples, pero profundas. «Un peón en sexta» es el éxtasis; igual te mueres por el camino, pero llegaste a ser una versión mejorada de ti y una persona de la que estás orgullosa: entusiasta, voluntariosa, con fe, con propósito, alguien que se cuida, que ayuda, agradecido, equilibrado, amable, buena persona, que mira por lo más importante, con sentido del humor, que sabe relativizar, centrarse en lo que está en sus manos, parar para reparar, etc.

¿Cómo me va a ayudar este libro?

Te preguntarás por qué y para qué escribo esto. Pues mis objetivos fueron inicialmente liberarme del mal rollo (sanarme) y, a partir de ahí, me empecé a dar cuenta de que lo que me servía a mí podía ayudarte a vivir con más entusiasmo útil, perseverancia atómica y fe ciega.

Entiendo que te preguntes: ¿cómo vas a mejorarme la vida? Si ya me costó hacerlo con la mía... Esto último me lo digo yo, así que créeme: te entiendo. Solo te pido un margen, insisto, elige dos o tres capítulos al azar y léelos junto a las claves que se aportan y, si no te convencen, ponte a otro tema que te interese más. Ahora bien, si no puedes soltarlo de lo útil que te parece, difúndelo, por favor, para que la cadena de ayuda que estamos tejiendo tú y yo aquí crezca y este mensaje sirva al mayor número de personas posible.

El poder de un libro cuando te engancha es único y eso haré contigo desde ya, así que prepárate a disfrutar de lo lindo. Con un prólogo de mi respetado Victor Küppers, al que considero el mejor ejemplo en transmitir estos conceptos del entusiasmo con sentido común, más me vale cumplir lo que predico.

Conceptos sensibles

Hay términos que solo de escucharlos ya saltamos de la cama: pasión sí o no —llámame ilusión, por favor—; esfuerzo, ¿mejor pelear o luchar?, ¿peleones?, sí, va ligado a un principio de respeto donde yo no soy más pero tampoco menos; ¿lealtad?, ya llegaremos a ella; malvivir —no me digas palabras negativas que dejo de leerte—; esclavizar, ¿cómo se te ocurre vejar al lector de esta forma y encima sin poner la palabra entre comillas?; ambición, ¿otro defensor del capitalismo salvaje y del único dios de este mundo: el dinero; ¿codicia?, qué va, al revés, te pido que evites atravesar la frontera entre la sana ambición y la avaricia; ¿los ritmos circadianos?, ¿que nunca se eligen? Vale, pero algo podremos hacer... ¿Y dormir?, ¿por qué tienen que ser siete horas de descanso si necesito nueve?; «corcho», ¿quién eres tú para usar metáforas tan hirientes como que voy como un «corcho a la deriva» sin rumbo por el mundo?

Trabajo duro, ¿de qué narices me hablas cuando se trata de que sea inteligente y trabajar mejor y no tanto de hacerlo más?, ¿no te parece más adecuado referirte al trabajo continuado en vez de a ese desmotivador concepto del «trabajo duro»?; mediocre, ¿qué tiene de malo ser normal, del promedio, o lo que es lo mismo, «del montón»?; ¿el desayuno?

Vete por ahí con eso de que tengo que ganármelo; ¡ay! el poder: cuántos males y guerras por su mal uso, ¿y tú pregonándolo?; rendición —no me seas derrotista por favor—; perfección versus excelencia, ¿por qué tiene que ser una u otra cuando igual queremos hablar de lo mismo si lo explicamos bien?; y dale con que exigencia sí y perfeccionismo no y que no son lo mismo, pues vale, ya lo abordaremos; la obsesión —¡uf!, qué palabra tan controvertida—; compasión, ¿dónde está el límite en que es sana y no un defecto o un exceso que nos hace más daño que bien?; «atocinados» —qué cosas dices: no sé si reírme o decirte cuatro cosas por tomarte estas licencias—; ¿dolor y sufrimiento? no te los voy a diferenciar...; «chutados», ¡otro motivado más que pretende insuflarme un ánimo que hoy no tengo!; objetivo ¿por qué tengo que llamarlo propósito cuando en ambos casos se trata de ese para qué y la visión hacia la que estamos trabajando?; meta, ¿de verdad hay una línea de fin y esta es más importante que el disfrutar del camino?, ¿y cuál es la diferencia entre una meta y un propósito y un objetivo? Todo a su tiempo.

¿Disfrute o disciplina? Pues habrá que equilibrar ambos; dinero, ¿sí o no?; por favor, no me hagas preguntas tan malas que sin él estamos jodidos; empatía: ya estamos con mirar por los demás ¿y dónde queda cuidarse uno?, el propósito de vida, ¡qué importante preocuparte por terceros y tener un objetivo que te guíe! Pero, ¿no me decías que mire por mí antes que por nadie para poder así tener energía y ayudar a los demás?, orate, emuná... ¿Por qué no usas palabras que suenen mejor y que se entiendan? Oye, ¿y el ayuno intermitente?, ¿nocivo, siempre? Dame un margen, anda, y verás buenas opciones para ti; ¿clasismo?, ¿sexismo?, en serio, ¿eso percibes al leerme?

Sacrificio —y sigue el tío «erre que erre» apelando a la religión judeocristiana—; «chaise», ¡vete al carajo si me hablas en alemán y encima me mandas a la mierda, qué es lo que significa «chaise»!; ¿asturianismos?, son pocos, te lo garantizo; la incertidumbre, ¿cómo dudas de lo bueno de dudar ya que sabes que solo mejoramos cuando creemos que no lo sabemos todo?; la salud, ¿no es lo primero?; conformismo, ¿por qué tengo que buscar crecer en un bucle infinito cuando estoy bien así? Algunas personas sí que son conscientes de que seis de las siete acepciones de conformismo son positivas ya que concuerdan con el precioso origen de la palabra que es formarse con, o, lo que es lo mismo, formarse con los demás y que los demás nos ayudan a ser quienes somos hoy.

¿Te molestan esas clasificaciones de las personas en lo que has ojeado del libro? Normal, parezco psicólogo y por eso Kaspárov (un amigo del que te hablaré mucho) me llama «el Freud», de tanto etiquetarlo y analizarlo todo. La bondad ¿podemos defenderla sin caer en malas interpretaciones?; el ratio 8-7-9 —¡manda narices! ahora encima me distribuyes las horas que debo dormir, trabajar y disfrutar del ocio—; la resiliencia, ¿no me hablaste antes de rendición?, ¡ah!, ¿lo que te molesta de resiliencia es la palabra y prefieres resistencia o, lo que es lo mismo, saber esperar el momento adecuado ya que hay gente que solo tiene malas experiencias y que no siempre es posible sacar algo bueno por ejemplo de una muerte? ¿Adversidad y resignarte te gustan más? Por favor, no me seas masoca ni derrotista. No te quedes con ninguna y haz como el río que se amolda, que se adapta. ¿La felicidad en el trabajo? Pero, ¡qué me estás contando!; los piojos ¡qué imagen das más degradante de los seres humanos usando este término! ¿Especial?, ¿en serio te crees distinto al resto de los humanos?

¿Compararme? Mejor hacerlo con tu yo de ayer que con los demás, ya que hay gente que necesita pisar sobre cabeza ajena para sentirse por arriba; ¿principios más sanos?, ¿eso qué es? Para cada persona puede significar una cosa... ¿«Aguantarse»? Sí, te la pongo entre comillas para que no pienses que implica un «chinchamiento» insuperable y que dejes de verla como una palabra que denigra a la persona; ¿ganadora?, lo veo problemático este término ya que ¿qué es lo que gana?, ¿persistir o parar?, a ver si te aclaras; ¿paranoias?, ¿depresión?, cuidado con banalizar y pervertir estos conceptos, ya que sentir que te persiguen debe de ser muy chungo, por lo que te recomiendo que uses mejor ansiedad; ¿y máquina? ¡por dios!, qué término tan gastado; ¿brillante? Vaya palabras más ambiguas que usas ya que para algunos es tener mucho dinero, para otros subir a la red vídeos casposos... Por cierto, soga suena a injusticia y a procedimiento muy drástico por mucho que me digas que es metafórico como eso del sodomizar y que creo que deberías cambiar por la ya citada esclavizar que suena muy mal pero no tanto; ¿locuras?, ¿en qué te basas para decir que recomiendo cosas malas? ¿Por qué no lees el libro antes y luego opinas?; oye, qué es eso de jódete, ¿yo joderme?, cuidado con el lenguaje que usas con el lector, ¿coco loco? Por si te molesta es un juego de palabras con humor y mira la sonrisa que te pondré al decirlo; ¿tara?, esa sí, te la cambio por problema o defecto que estoy contigo en que suena mejor; ¿reloj social o biológico?, ¿qué tú no lo has sentido y que te parece absurda la presión social? Te entiendo, pero a la mayoría les afecta, ¿el bien común? ¿Prefieres el individualismo? Interesante debate tendremos, ¿para ti es voluntad lo que denomino autoconfianza? Oye, que el libro lo escribí yo, aunque sienta que es una obra compartida, ya que lo ha visto y opinado mucha gente con tan buen ojo como tú. ¿«Prepárate a muerte»? Pero, ¿qué expresiones son esas que incitan a actuar sin mesura?; oye, ¿y enfermar?, me recuerdas el síndrome de Crohn con el que convivo; ¿por qué no cambias la palabra por disfrutar?, éxito, progreso... Ponme, por favor, las semejanzas y diferencias ya que las dices como si fueran lo mismo y son cosas muy diferentes a pesar de la connotación (para muchos) positiva de ambas. ¿Y eso del desahogo razonable? ¿Y los dones?, ¿que no lo son todo? ¿Y entonces la bioquímica y la genética qué pintan? Pues lee y lo verás; ¿fracaso?, uy, eso sí qué me provoca curiosidad el ver cómo lo abordas; ¿y el error?, pues parecido; ¿pastillero? anda la leche, a ver cómo explicas lo de tomar la medicación de una forma normal... ¿Reina?, llámala dama que se entiende mejor, y dale con las palabras malsonantes, inútiles no, usa inexperto; ¿millonarios?, qué manía de poner como ejemplos a las personas más ricas del mundo; ¿memorable?, ¿una obra de arte del paso por la tierra? Venga ya, «vendemotos», te lo hayan dicho o no, eres normal como todos. (Te acabo de decir que no eres especial). ¿Integrar o conciliar? Ya estamos otra vez discutiendo el concepto; ¿bulto? ¿Te molesta la metáfora o te parece certera?, ¿bendita o maldita pandemia? Pues depende de cómo te marcara, ¿no?; ¿hábitos? ¿Qué es eso de buenos y malos y cómo te atreves a insinuarme los que funcionan para mí? ¿Madrugar? A cuento de qué si funciono mejor por la tarde o por la noche; ¿peligroso?, ¿mentor? Deja de usar términos extremistas o difusos y pon maestro en vez de mentor que se entiende mejor; ¿familia?, como si existiera un modelo perfecto... ¿Las expresiones radicales que lees te molestan? Quédate con la idea, por favor, ya que es provocación sana para que aprendamos juntos lo máximo posible. (Yo el primero, que llevo más de cinco años refinando y puliendo estas líneas para dar lo mejor de mí y serte lo más útil que pueda).

¿Pagar el precio? Suena a prostituirme, oye, ¿y lo de cenizo o *crack*? Qué mal, pero ¡qué mal suenan esas palabras! No sé, chico, son maneras de hablar. ¿Y qué es eso de asociar la inacción a la culpa?, ¿qué te pasa con el concepto de culpa? Lo veremos... ¿Y qué me dices de la aceptación y resignación? Algo hemos hablado ya, no son lo mismo... Aceptación sí, resignación nunca. En fin, ¿inconformismo sí o no?, ¿equivale siempre a crecimiento? Pues habrá que ver. ¿Serenidad? Una palabra muy necesaria que no veo por ningún lado y que todas sus acepciones son positivas, cosa que no ocurre con tu adorado conformismo.

Respecto a si cosechamos lo que deseamos, lo que necesitamos o lo que merecemos en función de lo que somos capaces de negociar, ¿qué tesis piensas que es la que voy a transmitirte? ¿Más bien la última? Mira que he pasado por fases con esto desde que empecé a escribirte en noviembre de 2020. Pero hoy te digo que a la larga la justicia divina está por algo, así que claro que nos toca ganarnos y merecernos lo que sea que queramos ser o tener. Hermann Hesse lo escribe magistralmente en *Demian* cuando Max Demian le dice a Emil Sinclair: «Cuando alguien que de verdad necesita algo lo encuentra, no es la casualidad quien lo procura, sino él mismo. Su propio deseo y su propia necesidad le conducen a ello». Lo que pretendo decirte con este extracto es que, cuando uno desea y necesita algo fervientemente, va a trabajar por conseguirlo y las opciones de negociar mejor tus cosas y de lograr lo que te propongas aumentan bastante.

¿Te encantaría hacerme vudú por el tratamiento que le doy a algunos de estos conceptos sensibles? Créeme que entiendo tu escepticismo, pero antes te pido una oportunidad para abordarlos, sin ánimo de cambiar tus creencias, que para eso son las tuyas.

Como ves, no rehúyo ningún término, porque lo que busco es que reflexiones. De una manera distinta a la que igual lo has hecho hasta ahora (la estrategia de muerto en vida la he probado bastantes años y a mí no me funciona) con una mezcla de realismo y de esperanza.

Eslóganes

Las frases de tazas de café modernas, de sobres de azúcar, o de placas en establecimientos hosteleros que veas en esta obra, cógelos con muchos alfileres. (Algunas son de tonto motivado). Lee la letra pequeña y no te quedes solo con el titular: todo proyecto requiere más cariño y tiempo del que inicialmente pensamos.

Te pongo dos ejemplos de mis contradicciones internas con estos lemas facilones que vemos en los bares.

La primera es con querer es poder, y al que te digo que no porque es muy peligroso, pero también verás que sí que lo considero útil; de ahí el título de este libro.

—A ver, incoherente, ¿en qué quedamos?

—Pues eso. En que te muestro sin tapujos mis dilemas en estos más de dos mil días en que he ido cambiando mis pensamientos a la vez que reescribía una y otra vez esta obra en un *shokunin* interminable donde todo se mejora en busca de esa quimérica perfección. Dicho esto, ¿por qué no podemos lograr hacer las cosas lo mejor posible, o lo que es lo mismo: el *shokunin* japonés?

A base de querer, crecerás, y todos sabemos lo que pasa cuando somos un pelín mejores que el día anterior y mantenemos esa senda día tras día.

Quédate con que algo hay en esto del querer es poder. Si quieres más, tendrás que seguir leyendo.

La segunda incoherencia es que yo no te voy a decir cómo tienes que hacer las cosas como si fuera un manual de instrucciones de IKEA: paso uno, paso dos, paso tres... aunque alguna receta verás. Lo que sí provocaré es que pienses en la manera que mejor te funciona a ti: ¿cómo que no sirven las soluciones a los problemas que se te ocurren en la ducha, cocinando o paseando? ¡Párate y piensa! ¡O camina y piensa! Pero dedícale tiempo a pensar.

Problemas

Bienvenido al monólogo interior de Adolfo. Verás que diserto mucho conmigo. Como te diré más o menos sutilmente: no eres la única persona que no está cuerda del todo ni que habla o se habla a sí mismo del fracaso crudamente y de lo vital de saber aceptarlo. (Tú y yo no somos diferentes al resto de los mortales en eso de tener dentro de nosotros un angelito y un diablito que nos habla, el famoso ying y el yang).

Disculpa si te molesto con las referencias que haga a moderar o eliminar los hábitos negativos como, por ejemplo, el alcohol, el tabaco o la toma de medicación innecesaria. El alcohol está demasiado bien visto, y los fármacos —como bien sabes si viste la serie *Gambito de dama*— deben ser la última solución y con una ingesta a poder ser acotada en el tiempo. Y del tabaco... ¡qué te voy a contar!

Si piensas que fumar nos hace mejores o no afecta negativamente, este no es tu libro. Nos quita años de vida, así que te digo lo que igual estás pensando y no te gusta nada escuchar o leer. ¿Qué no eres peor por fumar? Discutible. A mi juicio, «somos peores personas» y te lo pongo entre comillas porque, aunque no seamos peores personas, fumar, sin duda, nos limita como personas. Tampoco hace a uno más paciente, sino menos. (Ni reduce tus nervios, al revés, los destruye). Además, aceleramos la mortalidad, y eso molesta a la gente que nos quiere.

Rasgos de estilo

El uso indistinto del femenino y masculino responde a una única cosa: los capítulos están escritos (y como te digo, reescritos) en un período de cinco años en los que me venían a la cabeza hombres y mujeres. No le des más vuelta a la perspectiva de género.

Verás cultismos en un contexto esencialmente coloquial. Procuro aprender y busco compartirlo. La dislexia es genética y estamos mejorándola.

Las discordancias en el uso de tiempos verbales son innegables: juego con el pasado, el presente y el futuro. ¿La razón? Que los estados de ánimo son temporales y cuando estaba más fastidiado me iba a la nostalgia del ayer o a la ansiedad del mañana y, cuando andaba más feliz, me quedaba en el hoy.

Cinco años de escribirte dan para muchos vaivenes emocionales que te mostraré tal y como acontecieron, sin ambages.

Pautas

Verás que soy algo dogmático: «todos somos peones», «esto es positivo o negativo», «bueno o malo», «no eres especial»...

—¿No decías que no marcabas pautas?

—Alguna tendré que dar, puesto que si lees un libro como este presupongo —¡qué error dar por hecho!— que buscas soluciones.

Este es un libro de fracasados y triunfadores, que de todo hay en la biografía de las personas. NO lo olvidemos, también en la nuestra. Y eso tiene su lado bueno, para que veamos el vaso medio lleno y no medio vacío.

Ahora bien, como todos prejuzgamos —lo digamos o no, lo hacemos— leerás historias que te parecerán de «cenizos» o «llorones» y otras en las que solo te quedarás con la faceta de *crack* o de «peón en sexta». Pues no, como sabes, siempre hay dos caras en una misma moneda.

Nombres

Los apellidos que verás de ajedrecistas (unos más conocidos y otros menos) son todos de personas de mi círculo o que pasaron por mi vida en algún momento, a los que identifico con alguno de los rasgos de estos deportistas.

Bonus

Una vez que me he abierto el corazón con este decálogo hasta el punto de que de tanto trabajar en estas ideas ya ni me sonrojo al releerme, quiero resaltar que la intención principal de estas aclaraciones es ayudar al lector a entenderme. Espero lograrlo en la mayoría de los casos, pues pienso que la mejor manera de llegarte al corazón es que sientas primero el mío «malherido».

Y sí, sufro como (casi) todos y lucho diariamente con mis incoherencias. La mente me domina, la duda me asalta, la perseverancia se tambalea, el ánimo se disipa... convivo con esos momentos cada día y solo me salvan los hábitos que me funcionan y que me mantienen «cuerdo». De todo esto es de lo que te voy a hablar en este viaje que es *Voluntad atómica*.

Sueño con que valores mi honestidad imperfecta y que te sirva para ser un peón mejor: «un peón en sexta».

¡Sigamos!

El ayer

1.
Malviviendo

Me había vuelto a pasar. De nuevo, la cabeza lo evocaba una y otra vez. Confusión mental, malestar, de todo. Creía que era una etapa superada y no lo estaba.

Todo sucedía ayer por la mañana. Sentado en la oficina tranquilo, relajado, con el trabajo que todos hacemos, el que nos corresponde, quiero decir: escuché su nombre.

No fue un sueño, una pesadilla, como tantas otras veces. No. Era verdad. Cuchicheaban acerca de un juicio que teníamos con él. Y yo no podía creerlo. Años después de empezar a sufrir seguía la película de terror.

¿No podrán los pasajes que nos duelen irse de la mente de uno y dejarnos tranquilos?

¿Por qué no somos capaces de alejar los pensamientos negativos cuando nos vienen a la cabeza?

Me pregunto estas cosas porque sé que te sientes identificado.

La teoría la conocemos. Es decir, si te viene una idea dañina a la mente y entra por la ventana de tu casa, ¿qué haces?

Esperar a que el rayo se vaya.

¿Y por qué no se va la centella y vuelves a estar tranquilo como estabas ayer?

Qué fácil es lo de «piensa en otra cosa». Quítate de la cabeza lo que te haga daño y recuerda las vacaciones en Punta Cana en las que tu única preocupación era vivir a tope. Disfrutabas de la existencia como un loco y la mente no te atrapaba con cosas negativas. Pero claro, tenías veinticinco años y ahora más de cuarenta.

«La vida es gestión de problemas» según el divulgador Tony Robbins, y tiene razón.

Otra frase bonita que escuché muchas veces es la de «ocúpate, no te preocupes». ¡Qué más quisiera! Siento que no puedo sacar de mi mente los recuerdos del pasado.

¿Qué por qué lo digo? Porque estoy débil, cansado. Intento que pase este malestar y no remite.

Por eso tengo la ventana abierta. Para oír los sonidos de la naturaleza, porque si los escuchas te hacen más feliz.

Pero los pensamientos negativos no se van. Te persiguen. Y a mí también.

No me extraña que digan que más del 20 % de la población vive en tratamiento. Es lo que me pide el cuerpo. Pero sé que no es la solución.

Medicarse para olvidar el dolor, el sufrimiento que me causa pensar en él sería un error absoluto.

No me ayudaría en nada a largo plazo. Sería como los

diez minutos de sexo rápido con tu amante sin afrontar el matrimonio fallido.

Pero los fármacos *no sirven* salvo como solución puntual en los casos más severos, que siempre son menos de los que pensamos si sabemos, por ejemplo, relativizar. (Un buen libro para que relativices es *Melasudismo*, de Pablo Álvarez).

La solución sé que está en escuchar los graznidos de los pájaros, en calmar la mente recordando lo bueno del ayer, como las vacaciones en Punta Cana.

¡Ah! Y muy, muy importante. En no vivir paralizado por el miedo. ¿Cómo es posible que escuche su nombre y sienta dolor en el pecho, retortijones, confusión mental?

Dicen que el pasado se supera y que, si es malo, se pasa página olvidándolo. Y a eso me aferro. A saber, que en la vida solo aprendes de las tortas que te pegas, las que te ponen donde la sabia naturaleza dice que debes estar.

Todo pasa por y para algo.

Debo dejar pasar este rato de negatividad.

CLAVES

- Las heridas del pasado nos pueden «destrozar» la vida si no sabemos sanarlas. Busca la forma de hacerlo para no malvivir como muchos, pues evadir los problemas no es la solución. Tampoco lo es creerte «a pies puntillas» una de las grandes «mentiras» del desarrollo personal y profesional: la de que el dolor es inevitable y el sufrimiento es opcional. (Otras medias verdades son frases como sonríe y te irá bien, nunca es tarde para alcanzar tus sueños o la ya citada en las «Aclaraciones» querer es poder). Solo sirve afrontar los problemas como una persona «hecha y derecha», por muy «quebrados» que malvivamos, o como dice Mercè Castro en *Palabras que consuelan*: «Cada uno de nosotros es libre de decidir si sigue adelante hasta transformar el sufrimiento en esperanza y aceptación o permanece perdido en el laberinto».

- Los espacios naturales son una forma magnífica que ayuda a disfrutar más del presente y a controlar el estrés. (El estrés nos mata, ya lo sabes, pero te lo voy a recordar bastante; el ritmo de vida que llevamos es el causante de muchas enfermedades, angustias, insatisfacciones y frustraciones). Hasta si vives en medio de una gran ciudad tienes un parque «cerca».

- ¡Ojo con los fármacos! Son la última opción, salvo casos extremos. Podemos domar el potro de nuestra cabeza de múltiples maneras mejores: aprender de lo que nos ocurre es una de ellas.

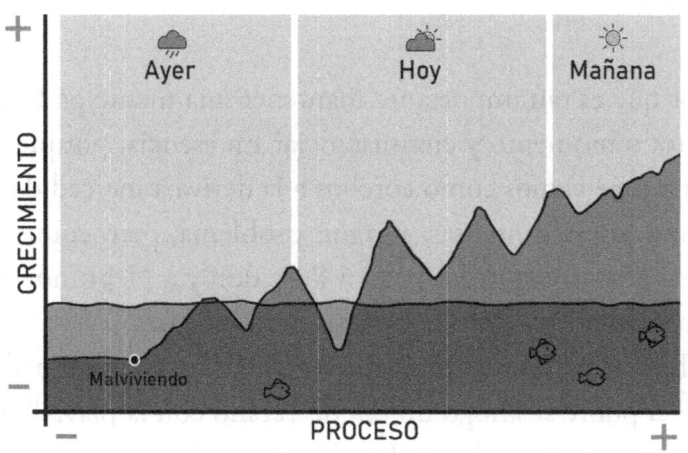

GRÁFICA DEL PROCESO DE CRECIMIENTO PERSONAL

2.
Ahogarte

¿Por qué es tan importante mantener una mente poderosa en todo momento y circunstancia? En esencia, porque sin ella a tope vamos como corchos a la deriva a merced de las aguas. Si están mansas, ningún problema, pero como toquen bravas ya puedes rezar a Poseidón y a Neptuno, que por mucho Dios del Mar que sean, te ahogarás.

El azar está presente en nuestra vida. Díselo a mi padre, que el pobre se ahogó un día de verano con la playa llena. Estaba con mi madre en Los Gauzones, la zona central de enormes edificios que une los tres kilómetros de arena que hay entre Salinas y San Juan. Lo último que recuerda mi madre es que le dijo mi padre: «Chata, voy a dar un paseíto, que ya sabes que me presta tras comer y la cervecita». Estaba ya de pie y se agachó a la toalla a dar un beso a mi madre. Lo siguiente fue encontrarlo en el tanatorio horas después.

Los hechos ocurrieron a eso de las cuatro y media de la tarde, y recuerdo que mi madre me llamó a las seis y media para decirme que era muy raro. Que papá no había vuelto y que solía tardar una hora en dar su paseo. Era un martes 28 de julio de 2009 y me encontraba en casa de mis padres tumbado en el sofá. Nunca olvidaré cómo le dije que estuviera tranquila, que habría visto alguna rubia macizorra y que se perdería un rato hablando con ella. Perdona el chiste para relajar un poco el tono, pero transmití a mi madre que seguro que estaba bien. Y seguí con mi siestón. Qué egoísta, ¿no?

Con veintiocho añitos, en casa de tus padres, con la mente puesta en currar día tras día, disfrutar con los amigos de siempre y en relaciones esporádicas. Y en ese momento, en dormir. Solo en reposar. En ningún momento pasó por mi cabeza que el hombre a esa hora ya estaba muerto, que intentaron reanimarle, que incluso un compañero de mi trabajo presenció la escena de los sanitarios con él, luchando por su vida. ¡Qué pena que no supiera que era mi padre para llamarme!

Murió a más de 1 km de donde mi madre se encontraba. Luego me confesó que vio pasar algún helicóptero y que no reparó en que podría ser él. Lo peor de todo vino cuando me llamó a las 20:30 h. Me dijo que papá no había regresado y que no quería preocuparme, pero que no era normal. Ahí ya lo entendí todo. Tarde, pero más vale tarde que nunca.

Recuerdo llegar a Salinas y encontrarme a mi madre desencajada en el paseo de la playa. Algo había pasado.

¿Cómo cuatro horas después de decirle «te quiero, chata» y perderse hacia San Juan no teníamos noticia alguna?

Como siempre evocarás a tus padres, tengas la suerte de tenerlos en este mundo físico o te miren desde el más allá

—o donde tú quieras, pero nos ven, así que más nos vale estar a la altura—, imagínate la secuencia. Preocupación extrema fruto de la indefensión más absoluta de no saber qué hacer.

Mira si llegué alterado que mi madre me tuvo que calmar. Pero no era suficiente. Hasta qué punto estaría poseído que un vecino de toda la vida que conocemos y que paseaba con el perro nos preguntó si pasaba algo. Recuerdo tratarlo mal, pues con la mente desquiciada somos una patraña. Sin la cabeza en nuestros cabales uno se comporta como un cenizo. Y así hice con Ochan, que así se llama este médico jubilado. Un encanto de hombre, al que todavía me encontré el otro día y hablamos como si nada de la progresiva deshumanización de la sanidad.

Siempre me dice que no somos nada, que vaya lo que le ocurrió a mi padre, y que se acordó de mí cuando murió un hermano que no llegaba a los sesenta de un cáncer fulminante.

Fue mi hermano Manuel la primera persona que recibió la llamada de la Guardia Civil, y volvió de Cabárceno —un precioso parque natural que hay en Cantabria— con su esposa e hija pequeña en una hora, en un trayecto que está a dos.

El segundo en saberlo fui yo, que con mi madre enfrente escuché el reclamo de la Benemérita; y que más de una década y media después sigue evocando día tras día cómo su esposo murió cuando mejor estaba. Recién jubilado, daba gusto verlo y tratar con él. Doy fe.

*Definitivamente, las desgracias ocurren
de un día para otro.*

¿Quieres saber el último recuerdo que tengo de mi padre? Se me eriza la piel solo de pensarlo. (Y mira que estaba en modo racional, contándote el suceso de la forma más objetiva que puedo). Cuando llegué a Avilés en el autobús a las 15:30 h me estaba esperando en la parada. Estaba feliz: «¿Cómo estás, hijo?». Y yo, como un tonto, le respondí: «¿Qué haces aquí?». Él estaba orgulloso de mí y yo lo sabía. Le quería, pero tampoco le eximía del todo de que vivió amargado muchos años y de que solo en los últimos lo había arreglado.

Pues ahí estaba el hombre con su hijo, disfrutando del camino de vuelta al hogar. Y en casa, el show de Manolo. Un grande. Nada más llegar, le oigo: «Amparito, ¿ya estás?». Y el hombre en pelotas por casa, sin camiseta y poniéndose el bañador más feliz que un niño pequeño porque se iban a la playa.

¿Aprendizajes?

Muchos. El principal no es el de que los dramas existen, pues eso es compasión para unos segundos. Disculpa que sea tan duro, pero estoy convencido de que la empatía y la compasión —esta última va más allá en la pena que sientes por los demás— están algunas veces sobrevaloradas.

Frotarte en las heridas te hará más sarna que gusto y muchas veces te paraliza en exceso. Y así, ni sanarás ni avanzarás.

Vivir del pasado no es saber vivir: sirve para unos minutos, por muy positivos que sean los recuerdos.

Como te pases evocando,
acabas en nostalgia obsesiva.

Tampoco es que te quedes con lo bueno, como me sucedió a mí, pues le vi feliz en el féretro. La autopsia confirmó que no hubo signos de lucha, con lo que la pérdida de conciencia en el agua hizo que no se enterara de su muerte. (O eso quiero creer).

¿Cuál es entonces el meollo de esta reflexión?

Que en nuestra mente lo controlamos todo.

Somos dueños de cuidarnos y de cómo tratamos a los demás, por muy jodidos que estemos.

Claro que en tensión es más difícil autocontrolarnos, como me ocurrió con Ochan. Pero son excusas inanes.

¿Cómo tener serenidad para aceptar las cosas que no podemos cambiar y comportarnos como *cracks*, por muy malo que sea el instante o situación que vivamos?

¡Ay, amigo! Eso quisiera yo saber. Ni invocando a Neptuno o Poseidón te salvarán de ahogarte los dioses si tocaba marcharse al otro barrio. Lo que sí depende de uno al cien por cien, o si no tienes que creerlo así, es que mantener el ánimo en el día a día es tu completa responsabilidad, pues solo así podremos gobernar la loca mente que llevamos con nosotros.

CLAVES

- Para cuidar la mente te ayudarán los ejercicios de concentración como el yoga o pilates, caminar, mirar las nubes y las casas «colgando en el quinto coño» imaginando cómo se han hecho, reírte de ti mismo, escuchar la guitarra de Angus Young, el contar hasta cien de toda la vida, trabajar la respiración, centrarte al máximo en escuchar cuando te hablen o aplicar la máxima de mi amiga Trujillo: «Prepárate lo mejor que puedas y luego dejas las cosas que sigan su curso».

- La gran mayoría de los problemas que tuvieron mis padres fueron motivados por la «adicción al juego». Si llegas a adulto y eres capaz de controlar esos impulsos y esos vicios sin que interfieran en el resto de la vida, es que lo llevas bien. Dicho esto, lo más probable es que el juego te hunda. (Mejor no acercarte a él).

- Saber que te vas a morir y que es inevitable palmarla te hará vivir mejor y ser más consciente de que madurar es igual a aceptar, pero aceptar no es igual a asumirlo todo ni a resignarse, sino centrarte en lo que está en tus manos. Y sobre esto, una de las mejores citas por su practicidad es la plegaria de la SERENIDAD, atribuida a múltiples autores y que se dice en las reuniones de alcohólicos anónimos y que me ha contado un amigo: «Dios, concédeme la serenidad para aceptar todo lo que no podemos cambiar...».

3.
Peones

La vida no va cada vez mejor. Por eso las personas mueren como peones y solo unas pocas tienen un paso destacable por la tierra. Siguiendo con el símil del ajedrez, donde los peones son el último mono en la partida del tablero del juego de la vida, te lo argumentaré mejor.

De niño preguntas como un loco. Eres el rey. De tu hogar, pero vives como la pieza más valiosa del juego, aunque no tengas la movilidad de la reina para coger el coche e irte de vacaciones por tu cuenta. Por lo demás, todo un rey.

Así se nos trata en casa. Y uno vive sin miedos, salvo que tengamos alguna mala experiencia.

Hay que protegernos, eso sí. Nuestros padres nos hacen el enroque para que el enemigo no acabe con nosotros: el entorno. (Siempre hay caos en el mundo, como bien nos recuerda Jordan Peterson en sus libros). Y ellos, igual que los profesores, están para garantizar que crezcamos en orden.

No importa el qué dirán, que nos digan que no,
ni todas esas tonterías que, a medida que crecemos,
nos convierten en peones.

Por eso te digo que la vida no va cada vez mejor. Si te parezco cenizo, más negativa es la realidad.

Más claro no me lo pudo dejar un animador mientras corría una carrera en Behobia (localidad cercana a San Sebastián) al gritarnos: «Mucho ánimo, valientes, que nunca vais a ser más jóvenes que hoy».

Lo cierto es que primero te transformas en reina, como esos seres bífidos con dos partes que conviven en ti. Hasta salir de la educación infantil sigues siendo un rey, mira sino la sobreprotección de los hijos cada vez mayor. Y también te vuelves una reina, ampliando las miras como el águila, con tus majestuosas alas.

Aprendes tanto hasta los doce años que prácticamente todo lo importante lo absorbes ahí, más que nada porque desde esa edad te dedicas a perder más de diez mil neuronas diarias.

Por suerte, hoy también sabemos que estas se regeneran si uno hace por ello. (¿Cuántos casos tienes cerca de personas que se recuperan física y mentalmente de sus dolencias a base de ejercicio? Busca y hallarás).

Además, como los alfiles y los caballos, en la secundaria nos vamos torciendo y descentrando cuando la vida no va como queremos, lo que ocurrirá sí o sí. Y nos perdemos tanto —algunos con la mala vida lo hacemos más que otros—, que somos incapaces de recuperar la movilidad de las reinas del ajedrez.

Es la biología haciendo su función.

Es indudable que la genética influye en cómo nos va la vida —dicen que en torno a un 45 %, aunque hay estudios para todos los gustos— si bien la mayoría de los expertos no se atreven a hablar de porcentajes de forma taxativa.

Más allá de si es más importante en nuestro devenir la genética, el entorno o cómo decidimos nosotros afrontar la existencia, inexorablemente, con el paso del tiempo, los golpes que llevamos —desamores, decepciones...— nos hacen pasar por torres.

Seguimos perdiendo valor, pues la reina y el rey son lo más de lo más y ya somos otra cosa.

Los duelos diarios también nos vuelven fríos, como son las torres en el ajedrez, actuando en la distancia y sin riesgos.

Dejas de ser el inocente rey, pues, además, en casa ya te protegen menos y solo quieres vivir a tu manera, que para eso el carnet de identidad y la constitución vigente dicen que con dieciocho años eres igual que todos los españoles y un ciudadano mayor de edad, no solo pleno de derechos, sino también de obligaciones.

Casi sin darnos cuenta, vemos que de súper tenemos lo de Clavijo, y que no somos ni más ni menos que un peón. Pero vaya peón. El que queramos ser. Los hay de todos los gustos. Como las personas.

Esquinados en la casilla de salida o centralizados en sexta fila. (Hay una gran diferencia entre unos peones y otros).

Lo cierto es que, por muy potentes que estos sean, tampoco ganaron ellos solos la partida de la Copa del Mundo de ajedrez de 2021 entre Magnus Carlsen con Vladimir Fedoseev —mírala, que es una obra de arte de lo mortíferos que pueden llegar a ser—.

Quizá la clave para ser mejores esté
en buscar grandes alianzas, pues los peones juntos
—con el apoyo de las demás piezas—
se mostraron demoledores.

Hasta las biografías de Elon Musk, ambicioso y firme donde los haya —y mira que en su día tuvo una sana inseguridad, según los relatores Ashley Vance y Walter Isaacson— demuestran que, sin haber fichado bien, lo de SpaceX, Tesla, Neuralink, The Boring Company y, más recientemente, X— sus empresas de 2026— serían ciencia ficción.

Nada nuevo. Unidos somos más valiosos.

En el caso de Musk, este ya era un peón en sexta del ajedrez, por no decir en séptima u octava —el *summum*: vuelves a ser lo más de lo más que puedes ser al cambiar el peón por la reina u otra pieza al coronar por llegar al final del tablero—, cuando se trajo a brillantes ingenieros —otros peones en sexta— que lograron materializar lo que él tenía en su cabeza.

Desarrollaron sus locas ideas de traer cohetes reutilizables del espacio, usar coches con batería de litio que hicieran las delicias de los compradores, o que la energía solar fuera más usada que para estar tumbado en una toalla en la playa. Pues ahí está el nuevo Steve Jobs con sus rompedoras ideas. Cierto que Musk y Jobs son otros. Y tú eres tú.

Pero, ¿por qué hay gente que, esté donde esté,
lo hace bien, y personas que toquen lo que toquen
lo hunden?

Si todos nacemos reyes y luego puede parecer que vamos de más a menos perdiendo valor como reinas, torres, alfiles, caballos y, a partir de los veinte —más o menos, en tanto la biología te dice que vas cuesta abajo sí o sí—, como peones... ¿por qué hay unos más avanzados en la partida de la vida que otros?

¿Qué hace que unos peones se queden lastrados en los escaques de salida y otros avancen, llegando a ser candidatos para hacer algo muy grande, como los que pisan la sexta fila? (Piénsalo y escribe en tu libreta).

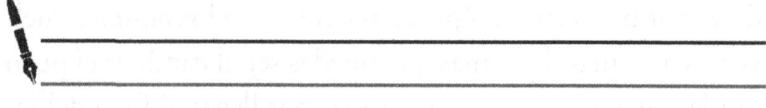

¿Dónde está la diferencia? ¿En la genética? No, no lo está. Pero claro que influye. Muchísimo, pues un 45 % es una barbaridad, pero, por suerte, cada vez más, ser consistente en el día a día —perseverancia atómica— y rodearnos de personas vitamina —que nos quieran bien— se está demostrando que llega incluso a mantener las neuronas.

No sé si las regeneramos —aunque lo sostenga ya la ciencia— y puedo estar desafinando con eso de que las conservas, pero con el apoyo de unos buenos hábitos diarios tenemos más opciones de vivir en plenitud.

Quizás es un consuelo por no haber nacido con altas capacidades o millonario, pero créeme si te digo —tengo gente cerca que me lo demuestra— que podemos hacer grandes cosas siendo personas normales.

Lo más importante es que quieras hacerlas y que nunca perdamos nuestra brújula: la de la humildad de saber que no somos más ni menos que nadie.

Esta actitud nos hará que tengamos unas ganas irrefrenables de aprender y de ser mejores cada día.

Una sed de nutrirnos que no podamos controlar. En esto sí te digo que seas insaciable.

Con la conciencia tranquila de que eres buena gente, pues ya está. Sigues el camino del bien para mejorar la vida del mayor número de personas que puedas.

Y, en ese trayecto, cultivarse es el sendero con menos precipicios. (Seamos un buen ejemplo, y así igual en algún momento las personas deciden mejorar por sí mismas y aplicar esa gran frase de «busca el momento para cambiar o cambia cuando sea el momento»).

No te conformes con el «yo soy así», el «de qué me vale estudiar esto» o con el «voy a esperar a que otro tren venga». Ve decidido a por tu vagón. ¿Sabes que ese Transiberiano te llevará antes o después a donde quieres ir? Pues cógelo. Irás avanzando, aunque muchas veces ni lo notes.

He aquí lo complicado de gestionar: que quizá no seremos conscientes. Lo positivo es que al final progresarás, siempre, claro está, que hagas tu parte.

Esforzarnos sin excusas diariamente
con unas rutinas de la media docena de cosas
que nos van bien y que hay que intentar
hacer a las mismas horas, para no dejarnos
ninguna sin acometer.

Con autodisciplina.

Como Keneth Harmon, uno de tantos que pasaron por las cárceles y salieron reforzados. Empleado de la Marina Civil de EE.UU., superó la odisea de los barrotes, leyendo un libro que tenía otro recluso y pasándolo palabra a palabra a unas hojas, pues tenía miedo a que los captores lo encontraran o a que su compañero desapareciera de un plumazo de su vera con él a cuestas.

¿Será cierta una cita con la que di por causalidad al buscar información de si vamos a menos o podemos hacer algo para tener una mejor vida? Es la siguiente: «El éxito se tiene que practicar constantemente; de otro modo, despliega las alas y huye volando».

Y hoy, que no estoy especialmente positivo y me cuesta un mundo verme como «un peón en sexta», me afecta que parte de mi entorno viva sin querer ser mejor, como peones esquinados en las casillas iniciales.

Sabiendo que no somos reyes y, dejando al margen los porcentajes y la importancia de la genética y de nuestros orígenes, así como lo vital de rodearnos de personas positivas y «realistas» (y un poco locas y visionarias, de ahí el entrecomillado), tengo claro que la vida nos va mejor o peor a tenor de nuestras decisiones.

Pon de tu parte y sal de la cama pegando un buen salto, que así igual vivirás y morirás como «un peón en sexta».

 CLAVES

- Aléjate de los deterministas de la genética y el entorno, ya que está en tu mano progresar a todos los niveles: profesional, físico, mental, espiritual, relacional, emocional y económico.
- No te escudes en que hay personas a las que parece que les persigue la chiripa y otras a las que solo les ocurren desgracias. Coge tu libreta y anota con honestidad qué es lo que hace que unas personas avancen y mejoren y otras no.
- A pesar del derrotismo del capítulo, todas las etapas de la vida tienen grandes ganancias. Búscaselas, pero ten

presentes tres cosas: primero, hay que recordar que juntos somos mejores; segundo, si vas a hacer algo pisando
a alguien, perdona que te lo diga: «Eres un mierda»; y
tercero, ser inconformista no te hace ser mejor ni peor
que una persona conformista.

4.
Gánatelo

Aprende a negociar o morirás en vida. En las relaciones laborales y en las personales las cosas te van según tu capacidad de influencia. No estoy descubriendo la penicilina. Lo que digo es que la vida nos da según cómo nos vendemos, ya lo relató Dale Carnegie en la biblia de la negociación y la venta de uno mismo: *Cómo ganar amigos e influir sobre las personas*. Se hincha a poner ejemplos de cómo conseguir el éxito, lo que te servirá vendiendo huevos, influyendo a tu pareja con cariño para que deje de fumar, o que te suban el sueldo y que tu jefe sienta que está haciendo el mejor negocio pagándotelo.

Uy, uy, uy, esto me interesa.

Normal.

Tus problemas y miserias son las mías.

Como dice Kaspárov: «Aquí nadie es mejor ni peor que nadie, valórate». Todos jugamos con unas cartas y de nosotros depende el que seamos mejores o peores.

Interioriza que el 85 % del éxito reside en cómo te relaciones con clientes, empleados, socios, proveedores, medios de comunicación, familia, compañeros de trabajo, ¡y con tu jefe! ¡El 85 %! Los estudios científicos lo han demostrado. Según como trates, así te tratarán.

¡Venga ya! ¿Que la vida es justa? ¡Vete al cuerno, vendeburras! Me he deslomado generando dinero durante décadas ¡y no me lo han pagado!

¡No he recibido lo que merezco!

La iniquidad puede ser así a corto plazo, no lo discuto, yo no vivo tu vida, la vives tú. Pero mira: tu jefe remunera lo menos posible, o si lo miras con otros ojos, te paga por lo que generas, no más.

Y lo del anuncio de L'Oréal, «porque yo lo valgo», pues cuéntaselo a otro. Todos creemos que conducimos mejor que la media de conductores, y la realidad, por pura estadística y que avala el estudio del efecto Dunning-Kruger, no es esa.

Si no has convencido a tu superior de la subida que dices merecer, eres el único responsable. Eres tú, no él o ella. Cambia de estrategia, como si fuera una partida de ajedrez. Evidencia que atraes tanto negocio que no le queda más remedio que pagarte el mínimo, pero ampliado un 30 %. Coge papel y apunta.

¡Manifiéstalo de verdad! Y sin tocar las narices más que lo justo. ¡Demuéstralo!

La pasión y la energía que desprendas tendrá que ser tan irresistible que dé igual el costo de los huevos camperos o de la formación que ofreces, que ni se le ocurra discutirte si desembolsa más o menos, pues ya le has convencido de lo que necesita escuchar: que el producto o servicio que vendes es tan brutal que hará vivir mejor a su familia y a él.

Es imprescindible que sientas
entusiasmo real por lo que hagas
para poder transmitirlo.

¿Quieres que hablen maravillas de tu trabajo y que te fijen los honorarios de ministro que dices merecer? ¡Pues gánatelo!

Aduéñate del derecho con tus actos y hazlo en cada momento. Con la mejor actitud, siendo explícito y a la vez sutil, «haciendo el bien sin mirar demasiado a quién». Nunca sabes quién puede ayudarte a lograr tus metas.

Y lo más importante: Cuando servimos con utilidad a los demás, somos más felices.

CLAVES

- Los estudios más completos para medir la felicidad se hacen en Harvard, y lo que demuestran es que la variable que nos hace más felices es la buena relación con los demás. Teclea Robert Waldinger y mírate su vídeo en el programa *Aprendemos juntos*.

- El efecto Dunning-Kruger o «síndrome del pasador» de que las personas nos creemos mejores que el promedio es muy real. Por tanto, ¿de verdad hoy nos merecemos más? Cárgate de razones y anótalas en tu libreta para que las recuerdes y puedas autoconvencerte y convencer a los demás de tu valía.

- ¿Quieres que te vaya mejor? Pues sé agradecido y esfuérzate en tratar bien a los demás para conquistar el corazón de las personas haciendo que se sientan queridas, reconocidas y valoradas, en definitiva, útiles.

5.
Chatas

«Lo más importante es dedicar tiempo y amor a las personas que quieres, porque cuando te vas es lo único que te llevas. Pero, para dedicar ese amor y tiempo a las personas que amas, debes tener a esas personas contigo».

Puse la tele para ver a Anne Igartiburu y a Ana Obregón decir adiós al 2020 y hola al 2021 por un motivo, porque tenía a mi madre al lado, pero que sepas que ella y Telecinco son como dos siameses juntos en casa, con lo que ya sabía lo que me tocaba si iba a verla.

Por suerte, la Amparo, luchadora infatigable con más vidas vividas que los gatos longevos, a sus cerca de noventa a veces guarda la energía para otras batallas. Así que vi la oportunidad cuando sentí que no iba a guerrear por su canal fetiche y me dije: «Aprovecha y pon La 1, ya que por una vez tienes curiosidad por algo en la tele generalista».

En esas estaba cuando recordé una cita de mi hermano mediano colgada en sus redes: «Cuando era niño, en Navidad le preguntaba a mi mamá qué quería, y me decía "salud y que no falte nadie el año que viene". Como cualquier niño, respondía: "No, mamá, pero un regalo, en serio". Hoy me doy cuenta de la razón que tenía, que los regalos no son nada si las sillas están vacías».

Cinco años después todavía siento a mi hermano roto de dolor por la muerte de su suegro, pues para él era mucho más que eso. Un cariño similar al que percibo con el caluroso abrazo de Kaspárov cuando me vio ojeando un libro en un centro comercial.

¿Te sigues preguntando qué es lo más importante?

No es el dinero, pues compra (casi) todo, pero no todo. Es querer. Y nunca es tarde para amar y dejarse querer, pues mi madre evoca con más cariño que ninguno el último de los años pasados con mi padre, el de su muerte en el año 2009, cuando escuchó varias veces: «No me faltes nunca, chata, que sin ti no soy nada».

CLAVES

- En este mundo de *superwomen* y de *supermen* en el que nos movemos, por suerte tenemos referentes en el ámbito público que aplican el dicho «haz lo que puedas en cada momento con lo que tengas», de Eleanor Roosevelt y de tantas otras personas que recordamos para bien a lo largo de la historia.

- El amor en sentido amplio es un motor: por uno mismo, por la humanidad, por la familia propia, etc. Mira por tus padres y abuelos si tienes la suerte de tenerlos vivos. Sea cual sea tu historia vital, gracias a ellos estás aquí.

- Aparta un poco la tele (y el móvil) que enganchan mucho. Fuera bromas, sácale partido, que mira qué momentos tan inolvidables nos brinda si sabemos usarlos.

6.
Piojos

¿Qué estoy queriendo decirte con que la amabilidad vende? Pues que a las personas nos quieren por lo que somos. No siempre. Hay relaciones masoquistas, maltratos auténticos, la empleada sigue aguantando al jefe y la esposa a su marido o viceversa. Por favor, no me digas que una persona quiere a un superior que le veja o al que no muestra señal de cariño.

¡Estás mezclando! Las relaciones de poder, dependencia o jerarquía, sean en el ámbito de la familia, en las empresas y qué decirte en el Ejército, existen. Y, de verdad, no pretendo juzgarlas, por muy reprobables que me parezcan algunas.

Voy a algo más práctico. Si quieres hacerle ver a tu hijo, amigo o pareja, que la vida es dura, que no es un camino de rosas... ¡díselo!

¿Que cómo lo haces sin que se molesten? Pues busca la forma. Sé creativo, como fue conmigo Kaspárov cuando me dio una carta con el siguiente mensaje:

«A veces, la familia de uno no es la de sangre, ni las personas... ¡sino los piojos!».

¿Qué me quería decir? ¿Qué yo no soy su amigo? ¿O que la vida puede ser tan jodidamente asquerosa con los desengaños familiares, las traiciones en las empresas o las envidias en las amistades, que, en ocasiones, nuestra mejor compañía serán los piojos?

Donde te digo piojos, pon si lo prefieres la sana reflexión en soledad apoyado en un árbol o deleitándote con el vídeo de un ciego tocando la guitarra.

¿Que todo es por interés y que cada vez hay menos palabra? Pues tendría para tres vidas con esto.

A ver, que te doy la razón. Y más cuando vivimos peleados con la humanidad, porque yo lo estuve. Caí en el pozo inútil de la no aceptación de la realidad.

Fíjate cómo somos que el otro día salí a correr y me encontré a Bollo, al que conocí hace más de veinticinco años e hizo su vida en Palma, y que solo veo como el turrón, por Navidad. Un tipo que siempre dejó huella por ser auténtico. Pues bien, esta vez su visión era nihilista, quejándose como nunca.

Estaba en época de cambios montando su empresa y dudando de la bondad humana.

«La gente no es como nosotros, no hay palabra. ¿Sabes por qué pienso que la gente no es buena? Porque me lo ha demostrado».

«He cambiado mucho, me lo dice mi mujer». Sinceramente, siempre lo quise. Por eso lo escuché con atención.

Me quedé pensando por qué decidí pararme con él, dejar de correr y transmitirle que le iría bien en su aventura de emprendedor. Que buscase buenos socios, ya que no quería hacerlo solo, y que tirara para adelante si ese era su sueño y se veía preparado para ser copropietario de un negocio. Y le dije algo todavía más importante, por lo menos para mí:

Que, aunque se sintiera como un piojo,
las personas genuinas y amables como él las necesita
el mercado, los amigos y su familia.

 CLAVES

- La familia es un concepto sensible. Para algunos, los piojos, los perros y los gatos y, para otros, los libros o los amigos, son nuestra familia, pues están ahí a las duras y a las maduras. Bueno, los piojos mejor que no.
- El mérito de que haya terminado esta obra se lo debo a las personas que han hecho el «Prólogo», el «Sobre el libro», el «Epílogo», y a las que están dispersas en el contenido de *Voluntad atómica*... y en la «Personagrafía» que verás como colofón del libro.
- Aprende a lidiar con los desengaños, pues hay que seguir siendo amable y buena gente ya que, si dejamos de ser así, somos lo peor. Como dijo la antropóloga Margaret Mead, en el momento en que empezamos a cuidar unos de otros nos volvemos humanos.

7.
Premios

El mercado de trabajo y la vida en general premia a las personas apasionadas. La razón es muy simple: cada vez se ve menos entusiasmo.

Eso sí, solo con pasión no es suficiente, porque también se necesitan otras cualidades que la refuercen.

En primer lugar, unos hábitos moviendo el culo repetidamente y, en segundo, que te conozcas para quererte más y comunicar mejor al mercado tu valía.

Es verdad eso de que «hace más el que quiere que el que puede», pero sin estas premisas difícilmente llegarás a lograr algo valioso para los demás por mucho «querer es poder» que te repitas.

La pasión y la motivación nos ayudan a arrancar, pero luego necesitamos de otras fuerzas para aguantar.

Fíjate si me creo lo que te digo, que hoy no tengo ni pizca de ganas. Muchos días escribiendo, pero hoy, por la razón que sea, no siento la llama que mueve todo. Lo único que me salva de no tirar la toalla es que llevo miles de días al alba trabajando duro (en ayunas) 120 minutos diarios, con unas rutinas que culmino antes de las siete y media de la mañana. Días de estos, los tendrás. En los que te preguntes si el proyecto que llevas tiempo formando es tan bueno como piensas.

Solo nos queda continuar, ya que, como decía Picasso,
«que la inspiración nos pille trabajando».

No nos queda otra que hacer lo que pocos están dispuestos, para así tener resultados diferentes. Por eso me sorprende sobremanera la gente que critica a los que defendemos meterle ganas a la vida: no entienden la pasión, porque les recuerda al sufrimiento.

¿Pero acaso se ha conseguido escribir un gran libro, levantar un negocio o aprender a conducir sin meterle ganas?

La ilusión hace que perseveres más si cabe, como hizo Thomas Alva Edison más de mil veces con la bombilla hasta que consiguió el único sí: el que la inventó.

Sé que es una manera muy particular de ver la vida, pero en la autobiografía de Bruce Springsteen titulada *Born to Run* notas el entusiasmo que tenía en crear un mundo de *rock and roll* desde sus inicios. Y, como él, la mayoría de los grandes de la música: Tino Casal o Freddy Mercury.

Claro que el exceso de entusiasmo puede matar. (Pero también lo hace el defecto de entusiasmo y que seas un muerto en vida). Que se lo pregunten a los familiares de uno de los mayores talentos naturales de la historia del ajedrez. El americano que vivió como un desquiciado por no saber canalizar su pasión y que retrató la película *En busca de Bobby Fischer*.

Sin ganas nunca empezarás nada extraordinario y, si lo arrancas, será mediocre.

Con seguridad, sin furor por tu proyecto, acabarás abandonando.

Por tanto, te lo ruego: busca lo que te hace rugir y haz por mantener esa llama.

La vida y el mercado laboral necesitan de personas apasionadas y las premiará antes o después.

 CLAVES

- La motivación está sobreestimada. Muchos días no tendrás ganas y la clave del éxito está en hacerlo igual a las duras y a las maduras con voluntad atómica.

- La gente te sorprenderá a veces para bien y otras no tanto. No dependas de ella para avanzar y sigue el camino que has elegido.

- Te repetiré hasta la última línea de este libro de varias maneras distintas que pongas en una columna los hábitos que te funcionan y en otra los que no y que hagas por mantener los primeros y por cambiar los segundos.

8.
Sácalo

Ponerte ilusiones es la salsa de la vida. Hay personas que las llevan más de serie y otras a las que les cuesta más sacarlas a relucir. Hasta quienes menos esperamos cosas buenas «viven motivados si quieren». Tienen su punto.

¿Por qué las ocultamos tanto entonces? En mi caso, que he sido un estimulado de la vida, de los que se ilusionan y la pierden con facilidad, no creas que comulgo mucho con todo esto de las ganas.

Dado que he querido esto y lo otro, como un niñato con el complejo de Peter Pan en la sangre, no me gusta recordar pasajes dolorosos de mi existencia. ¿A quién le agrada sentir que lo del «culo veo, culo quiero» le ha jugado malas pasadas? Caprichoso, mimado, protegido. Así salí. El pequeño de la familia. El penalti en el último minuto, con hermanos que me llevan quince y diecisiete años.

¿Qué es lo que te ilusiona a ti hoy?

Por dios, no me digas que un ascenso o prosperar en el trabajo, que eso ya lo pasé. Y, sinceramente, ni llegó nunca ni ahora me haría especial ilusión.

¿Será porque no lo tuve? Pues igual. No puedo hablar de lo que no he vivido. Pero dudo que ahí esté la verdadera felicidad, como cuando compré el coche o el piso y estuve un par de semanas como un niño entusiasmado. Creía que me iba a dar algo. Y encima cometí otro de los errores, que no dejan de ser garrafales, como el pregonarlo a los cuatro vientos.

Imbécil arrogante.

¿De qué te vale compartir tu alegría a diestro y siniestro?

¿Por qué no te enseñaron más a trabajar el autocontrol, tonto de los cojones? ¿No veías la maldad?

Na, no va por ahí, sino por la necesidad de llamar la atención con lo bueno que nos pasa. Un signo de inmadurez no exento de algo de optimismo.

Lo das todo por aquellos a los que quieres y ellos por ti, pues a veces no tanto. Y te desilusionas. ¿Y lo que te has perdido con aquellos que te quisieron a ti y tú no les prestaste atención?

Pues de eso hay también. Más pifias. Suma y sigue.

¿Tienes ya lo que te entusiasma?

¿Tú crees que es forma de ir por la vida el «voy tirando», sin algo que realmente te sostenga en todo momento y lugar?

¿Tu pareja? (Discúlpame el giro argumental, te prometo que todo cobrará sentido así que sigue leyendo). Venga ya. Si a los diez años de convivencia muchas relaciones están rotas y, a lo largo de la vida, más de la mitad de los matrimonios acaban hoy en divorcios. Las indestructibles ya son más la excepción que la regla.

¿Qué tú estás en la minoría de las mejores? Maravilloso.

¿Y qué proyecto de vida apasionante es ese en el que tu felicidad depende de mantener el vínculo con tu pareja?

Vale, me convences en que el amor de pareja es el reto con mayúsculas, sobre todo como tengas hijos, pero indaga en ti.

¿Qué es lo que buscas hacer el resto de tu vida y que te cargue las pilas a ti sin depender del humor de tu media naranja y de los críos?

¿Ser cómo eres y hacer lo que haces?

Pues me alegra, siempre que lo pienses. Que te gustes y estés contento con el hoy y las relaciones que has creado.

Estar en paz.

De niños lo estamos y la mayoría nos perdemos a medida que crecemos. A algunos nos ciega buscar el logro y el poder del que escribía con tino el psicólogo Alfred Adler.

Como dice Stephen R. Covey en *Los 7 hábitos de la gente altamente efectiva*, «jamás obtendrás nada en público si no has conseguido antes la victoria en privado».

Siendo un irresponsable, sin ordenar las prioridades y sin un fin en mente, que son los tres primeros hábitos que propone, jamás llegaremos a coronar la escalera ni a subir los peldaños o, lo que es lo mismo, a mejorar en la vida.

Te estancarás.

*De nada sirve que te esfuerces mucho en algo
si fallan los cimientos.*

Esto me ocurrió a mí. La base del edificio naufragaba en aquello en lo que me creía bueno. En la proactividad. ¿En la iniciativa? Eso es una parte de la proactividad. Responsabilidad más bien. Todo lo que no sale bien, pudimos hacerlo mejor.

¿Qué lo diste todo y más y que no se te puede exigir nada? Seguro que es verdad, si lo dices con tanta vehemencia. Pero la culpa es tuya. Y no empecemos con que una cosa es la culpa y otra la responsabilidad.

¿Por qué no te quedas con que todos los buenos libros de psicología modernos abordan la sutil diferencia entre vivir en el victimismo o en la responsabilidad incondicional?

¿Por qué no aceptas que las cosas que te han pasado en la vida tenían que ocurrir tal y como acontecieron?

Me estoy abriendo en canal porque quiero ayudarte.

¿Por qué no lo haces tú conmigo?

¿Qué te impide decirme lo que te ilusiona a ti de verdad? (Sé honesto y anótalo en esa libreta que tienes para tus reflexiones).

No a tu pareja, no a tus hijos, no a tu empresa.

A ti.

Sácalo, que está dentro de ti. Esperando que lo saques a relucir.

 CLAVES

- El amor por los demás es fundamental por mucho que veas o te digan que la estabilidad en las relaciones es cada vez más difícil.

- Por muy jodido que estés, la motivación puede volver. Sigue leyendo y cuando llegues al capítulo «Confesiones» tendrás mucho más claro cómo lograr que vuelva la motivación.

- ¿Qué es lo que te ilusiona a ti hoy? Casi nadie se para a pensar seriamente en las prioridades, y son vitales, ya que estas marcan las responsabilidades y lo que puedes asumir. Donde metas tu energía tendrás mejores resultados. Aprovecha esos espacios en blanco para que te pares, pienses y escribas en tu cuaderno qué quieres hacer con tu vida.

9.
Competencias

Las ganas son uno de los ingredientes de la tortilla más sabrosa que recuerdo haberme comido en mi vida. Llevaba unos huevos riquísimos, jamón york, pimiento, cebolla y ajo. ¡Qué maravilla!

¿Que cuáles son los elementos que demanda el mercado laboral para que el empresario digiera el día a día feliz de que le saques las castañas del fuego?

Sin orden de prioridad, seis de las competencias clave de la tortilla mágica del empleo son:

1. Los conocimientos.
2. La experiencia.
3. El autoconocimiento.
4. Los hábitos.
5. La fe.
6. Las ganas que le pongas a todo.

Con conocimientos, experiencia, conociéndote, la fuerza de voluntad de los buenos hábitos, creyendo que es posible y, por último, con un entusiasmo centrado y consciente (no de tonto motivado), el resultado solo puede ser: ¡Espectacular!

Tú vas a la entrevista o a hablar con el chico por el que suspiras con estas cualidades —*softskills*, talentos, capacidades, competencias, llámalo como quieras— y la opinión de la seleccionadora es: ¡espléndido!

Si no te contratan será mala suerte y que había otra persona más idónea, pues ibas preparado a muerte.

Algo positivo llegará, si bien nunca o casi nunca cuando tú quieras.

Lo esencial de este relato son tres cosas:

La primera es que las ideas de *Voluntad atómica* están aquí esbozadas y, si crees que no sabes cómo llevarlas a la práctica, te estoy dando herramientas para hacerlo.

La segunda, agradezcamos lo que nos dan.

Y la tercera, cúrrate a muerte estas 6 competencias clave del empleo de hoy y de mañana:

1. Conocimientos o saber.
2. Experiencia o saber hacer.
3. Autoconocimiento o saber quién eres.
4. Hábitos o voluntad atómica de saber que, a más intentos, mejores resultados.
5. Fe ciega de saber que puedes.
6. Ganas o entusiasmo útil de saberte hambriento.

Usando estos ingredientes, inevitablemente, mejoraremos en nuestra vida personal y profesional.

 CLAVES

- Conseguir el resultado que te propongas no depende ni mucho menos al cien por cien de ti, pero que te prepares al máximo para hacer lo posible por lograrlo sí que depende al cien por cien de ti.
- Las cartas nos caen, pero tú decides cómo jugarlas. Y te añado: claro que el mundo es muy injusto y despiadado, y repito, por supuesto que hay factores que escapan a nuestro control, pero también pienso que la suerte por sí sola no explica (casi) nada.
- Los conocimientos y la experiencia importan mucho a la hora de encontrar trabajo. Dominar las tecnologías cada vez se valora más. Pero trabajar en tus actitudes de autoconocimiento, voluntad, mentalidad y entusiasmo sigue siendo lo que marca la diferencia para tener una carrera laboral exitosa.

10.
Dudas

El proceso de creer en uno mismo es de lo más doloroso que sufrimos las personas.

¿Por qué dudamos tanto por momentos y nos paraliza el miedo y la falta de confianza? Porque dudar es bueno. Por lo menos, en el punto justo.

Tan malo es creerte el rey del mambo como ir por la vida diciendo «no sé» trescientas veces al día.

¿Y qué me dices del excelso aforismo «Solo sé que no sé nada» de Sócrates?

La verdad es que sufrí mucho miedo por considerarme en algún momento más de lo que era y por sentirme inferior.

Los dos escenarios son de lo más limitantes.

El creerte más, como sucedió con las matemáticas de adolescente, me llevó a dejar de esforzarme, como sí hice de niño, que se me daban bien porque pasaba el día haciendo tablas mentales, memorizando matrículas de coches y calculando secuencias de jugadas de ajedrez.

¿La consecuencia lógica de dejar de lado la perseverancia? Pegarme la hostia.

No obstante, bastantes recuerdos tienen que ver con estimarme menos, como cuando me metí con treinta y seis años en la experiencia de representar a la empresa en un acto público.

Sudores, «soy un incapaz», «no me van a entender», «no valgo para nada», «eres un inútil», «qué demonios vas a hacer», «no tienes ni idea»...

Estas palabras no me las decía un momento y luego me recomponía. No eran como un rayo y luego pasaba a decir «Puedo, claro que puedo».

¿Que te ha pasado también a ti o te ocurre hoy día?

Pues tengo una mala y una buena noticia. Has estado viviendo como si te fueras a tirar en parapente y odias las alturas. La positiva es que creo firmemente que, como decía un poema de Antonio Machado, «hoy es siempre todavía».

Dejando al margen a Lasker, que es una de las personas que más admiro y que duda de sí misma tanto o más que yo, los otros referentes que tengo también lo hacen. Muestran una gran confianza en ellas, pero por dentro también vacilan.

Pasan por luchas internas y tienen diálogos donde se insultan.

Por la razón que sea, decidieron hacer *puenting*. Tampoco adoran las alturas (es una metáfora, entiéndeme), pues hablar en público a nadie le agrada si eres novato.

La primera vez que hagas algo, sea exponer un trabajo bajo la mirada de tus compañeros, o tratar con personas nuevas, te sentirás como si te empujaran al vacío desde un acantilado.

Lo más importante no es tener más o menos miedo,
lo determinante es cómo lo afrontamos.

¿Por qué no somos conscientes de que para ese «estar bien» que todos buscamos necesitamos dos factores que están interrelacionados: resolver problemas y afrontar los miedos y que, por tanto, más nos vale encontrar buenos problemas y saber que los miedos los cambiamos haciendo y resolviendo?

Quédate con que he aprendido tres cosas de todo este proceso, no exento de dolor y sufrimiento.

Primero, que el problema de creerte más o menos sin una autoestima centrada es que dejas de perseverar. Y sin constancia no hay mejora real a largo plazo, por lo que empeoras, como me ocurrió con las matemáticas, en las que nunca volví a destacar como cuando las trabajaba de manera sostenida.

Segundo, que tus héroes tampoco creen en ellos en ocasiones, si bien hacia fuera los vemos como unos máquinas al saber trascender sus miedos a base de pensamientos y acciones potentes.

Y tercero, que vacilar es maravilloso cuando lo haces siendo consciente de que no eres más ni menos que nadie y con verdadero afán de seguir aprendiendo.

Cuanto más sabemos, más dudamos.

CLAVES

- Seguir unas rutinas adecuadas te ayudará a alcanzar tus metas y a algo todavía más importante: refuerza tu identidad porque ganas en autoconfianza al ver que no te fallas. Recuérdalo: lo que repites mucho cambia tu cabeza. La autoconfianza llega y se mantiene si pones de tu parte. Que sí, que por ti mismo tienes un valor y eso es suficiente. Ahora bien, no te quedes estancado y sigue haciendo lo que puedas y lo que te dejen, aprovecha el ahora, moldeándote como el río y busca la manera de alcanzar tu meta.

- Hablar en público es fundamental y no podemos refugiarnos en un móvil para comunicarnos. Sé, porque lo he vivido, que no es nada fácil, pero también sé, porque lo he visto en mucha gente, que tú también puedes hacerlo y comunicar bien en público.

- Si te hacen pensar, piénsalo. Es positivo dudar. Porque en el momento en que te planteas la duda, algo significa. Voy a hacerte dudar, así que piensa sobre esto: la confianza la perdemos porque no aceptamos los golpes que nos llevamos, y no por eso hay que «bajarse de la vida», y también por una percepción errónea de nosotros.

11.
Haz

La mejor forma de hacer la existencia más agradable a los demás es estar tú bien. Si lo sabes, ¿por qué no haces por estarlo?

¿Que es difícil ir chutado por la vida? Es verdad, pero ¿por qué siempre estamos con lo mismo? Pensando que nos ayuden, en vez de preguntarnos:

¿Cómo podemos hacer más feliz la biografía a los demás? Esta pescadilla que se muerde la cola se resuelve estando uno dichoso.

Con salud para poder funcionar, un trabajo del que vivir en el que te diviertas y el amor de tu gente, quejarse es puro vicio.

Normal que tanta gente haga el Camino de Santiago, cuando creemos tener un camino certero para ir por la vida, y este es falaz.

Aparentemente estás bien, pero lo cierto es que te falta lo más importante: tener un fin en mente.

Eso nos diría Stephen R. Covey, el autor de uno de los libros de desarrollo personal más completos de la historia;

Los 7 hábitos de la gente altamente efectiva, y del que te hablé en el capítulo «Sácalo».

Sin un objetivo, no tanto de meta en sí,
sino de propósito que te empuje
y como misión de vida,
uno cree tener bienestar y no es así.

Ese era mi caso. Y la salud empieza a notarlo. La mala cara en el espejo es el resultado. Pero si dejamos de mirar fuera y lo hacemos dentro de uno, lo que se dice chutados de energía, no íbamos.

Al punto que llegamos a frustrarnos del todo, cuando vemos que la vida no responde cómo creemos merecer.

Hasta que un día te dices, ¿pero de qué te quejas? Deja de pensar (casi) exclusivamente en ti y ayuda a quienes están peor que tú, que son muchos, si te fijas un poco.

Tuvieron que hacérmelo ver desde el ejemplo, que es la mejor manera de comprenderlo.

Cuando ves a personas que se esfuerzan tanto o más que tú de manera sostenida —con voluntad atómica—, con un trabajo donde el estrés debería haberlos dejado sin pelo treinta veces, y los contemplas disfrutando como niños y con una cabellera sobresaliente, te convences de cómo puedes hacer la vida más agradable a los demás.

Procediendo como ellos.

En el caso de Kaspárov (sí, ya te hablé de él en varios capítulos y más que lo haré) entras a su despacho y en el armario tiene pegado un dibujo en un folio titulado: «Kit de reducción de estrés». En su parte central hay un gran círculo en mayúsculas:

«GOLPEAR LA CABEZA AQUÍ».

Sublime.

Llevo años viendo esa hoja y ahí estaba el otro día, cuando por fin me decidí a sacarle una foto. En esas me casca el hombre:

«Fíjate si eres normal, que es la imagen más retratada cada jornada».

Me quedé pensando que, tal como andamos con la salud mental, nos viene bien ser conscientes de que deberíamos quitarnos las tonterías a cabezazos contra el armario más próximo y aplaudir con las orejas.

Pocos aguantaríamos el ritmo con el que vive
sin ir directos al cementerio por ictus
e infartos fulminantes.

Lo mejor de todo: el papel lo tiene ahí para los demás. Para que aprenda el que quiera ya que no es algo atávico; cultivarnos podemos hacerlo todos, sin excepción.

Que algunos viéndolo, tendríamos que decirnos: ¡A ti te suena el teléfono cinco veces al día; al amigo, cinco al minuto y atiende bien las llamadas de una en una, ¡que es como se hacen las cosas!

Una a una. (No todo a la vez y mal).

¿De qué narices nos quejamos? Ahora dirás que no es sutil lo del kit, cuando si fueras observador verías que nos quiere ayudar a su manera. Y de paso, a él mismo.

¡Muchas leches se habrá dado ahí con la cabeza! Para más bemoles, en su parte inferior, figuran las instrucciones para la reducción del estrés.

Cuatro pasos.

1. Colocar el kit en una superficie firme.
2. Seguir las instrucciones del interior del círculo (recuerda que rezaba «GOLPEAR LA CABEZA AQUÍ»).
3. Repetir el paso dos tantas veces como sea necesario.
4. En caso de perder el conocimiento por los golpes, haga una pausa.

Personas que nos ayuden a lidiar con la vida porque no nos han ascendido en el momento que queríamos.

Todo por no tener una existencia centrada, integrando lo laboral en un proyecto de vida que tiene que ir mucho más allá del trabajo. Como una pata más, que sí, es muy importante —el curro debe llenarnos—, pero hasta ahí.

Igual tienes que rendirte. Es más, sin el quizá. ¿Cómo que rendición? Nunca. Me desdigo. En ocasiones, toca hacerlo. Parar. Coger la brújula, y ver si va bien. Y si no está orientada, la pones al norte, que es dónde vas y sigues. Sin detenerte más que lo justo para reparar, que luego cuesta retomar la labranza.

Me vienen a la cabeza los genios mediáticos; no todos santos de mi devoción en algunas de sus actitudes conocidas, pero que no por ello dejan de ser genios.

Fíjate en Elon Musk y en cómo logró llevar civiles al espacio. Y qué decir de Steve Jobs. Esos teléfonos que manejamos se los debemos a él, ¿y qué piensas de Phil Knight, el fundador de la marca deportiva Nike?

Este último, en su autobiografía empresarial *Nunca te pares*, en la que comparte sus peripecias y los muchos pasajes complicados que lidió desde que empezó a vender zapatillas importadas de Japón en Estados Unidos desde el maletero de su coche, allá por 1962; ya te deja cristalino por donde va.

Diviértete y, si no te compensa, déjalo.

El mismo mensaje que mostraba Jobs con el «tenéis que amar lo que hagáis», cuando se dirigía a aquellos estudiantes de Standford. Toda una declaración de intenciones para los que luego bregaríamos de «Lobos de Wall Street» en la película dirigida por Martin Scorsese y protagonizada por Leonardo DiCaprio, buscándonos la vida afanosamente para encontrar un nicho en el cada vez más competitivo mercado laboral.

¿Y Elon Musk?

Pues uno que logró influir a un Presidente de los Estados Unidos, ser un as con los coches eléctricos, el uso empresarial de la energía solar y los cohetes espaciales, con y sin civiles a bordo. Quizá no veas especial sobrevolar Marte con humanos, previo pago de millones de euros. Lo que sucede es que, detrás de estas personas, hay discapacitados como el que sale en *Intocable*, un film entrañable con una historia de amor y de amistad digna de verse.

Pues bien, Philippe, que así se llama el protagonista aristócrata, está forrado, como alguno de los que se aproximó al planeta rojo. También hacía cosas raras con su dinero. Cada uno lo usa como quiere. ¿Hace mal a la humanidad por eso? Para el debate moralista. A mí, si escarbo, no me lo parece.

Como sostiene Musk, viendo cómo tratamos este mundo, igual en el futuro hay que establecer una base autosostenible en Marte y acabamos viviendo allí.

¿Disparates?

Pues mira hace un siglo con Marconi, el inventor de la radio —o fue Tesla, que más te da esa disputa por ver quién fue el primero si fueron dos genios—, que lo encerraron por loco. Y todo por decir que las ondas podían ir por un cable cuando nadie pensaba que el transistor fuera posible. Y qué decirte de Copérnico y Galileo, que ya los tienes en la cabeza. Repara en cómo les tratamos en su día por decir que la Tierra giraba alrededor del Sol.

Musk, Jobs y Knight, y tantos otros como el del kit de reducción de estrés, están mejorando el mundo.

Veo que cabeceas con lo de Phil Knight. Te viene a la mente el trabajo de niños en Asia y cosas así. Pero olvidas que, cuando quiso subir los sueldos a los trabajadores de Nike, las autoridades lo llamaron para decirle que no podía reventar así el mercado laboral. Que había unas reglas en cada país y que no podía pagar más que a los médicos y abogados nativos. De locos.

Sin ser Einstein, somos más conscientes con la edad. Pero claro, estando bien. ¿Y qué podemos hacer para lograrlo, que es la pregunta que flota en este relato una y otra vez y así mejorar la existencia a los demás?

Lo que a mí me ha cambiado la vida es dejar de quejarme y esforzarme de verdad.

Cuando estaba empastillado, unos días negros en 2018 en los que no sabía ni por dónde tirar, tuve que recurrir a tranquilizantes. Desde ahí, gracias a la deliberada y progresiva sustitución de malos hábitos por otros positivos, solo mejoró la cosa. Pero, claro, esforzarte es eso. Luchar, pelear... palabras que cualquier día borrarán del diccionario acusándonos de hacer apología del sufrimiento.

Detrás de esta palabrería barata de la mala psicología, con que el sufrimiento no es admisible y el dolor sí, está la misma basura que en los anuncios publicitarios, en los que alentamos el consumismo y que todo es fácil, sin contar lo que cuesta ganarse el pan.

De ahí que queramos el logro sin lucharlo. Desgraciadamente, cuando estás perdida, no ves nada de esto. Solo el sentirte vacía, sin motivación ni claridad en el futuro profesional, que ya tenemos unos años; y probar otras cosas sin sensación de fracaso es más difícil de lo que pensabas.

En este escenario, si lo estás pasando —millones de personas vivimos así en algún momento—, quizá necesitarás orientación.

Insisto: cuando estás KO, sin ver el camino con la nitidez necesaria por los malos pensares (un libro interesante para este fin es *Pensar con claridad*, de Shane Parrish), las mejores ideas no fluyen.

El sentido de la vida y el fin en mente del que hablaban Viktor Frankl y Stephen R. Covey no lo atisbamos cuando estamos destrozados. Ahí, cuando andamos negativos, deambulamos como zombis.

En esos momentos de malestar —que pueden durar años—, donde desgastas a tu entorno en vez de cargarle las pilas, nos salvará que alguien que esté mejor que tú, te guíe.

Escúchalo, valóralo, y decide.

A mí, el del kit, me cambió la vida.

Fue Omar Sy, el actor que cuidó de Philippe en la citada película. Más bien, me salvó de volverme más tarado de lo que ya andaba. (Como ya habrás leído el capítulo «Malviviendo», me entenderás un poco mejor).

Fíjate, un compañero de trabajo, un Kaspárov tan grande como el jugador de ajedrez. O más, para mí, más. Claro que hay personas así.

Búscala si estás hoy tan tocado como lo estuve yo. O, mejor dicho, oteemos entre los contactos del móvil y en todas las esquinas, que ahí tenemos a los ángeles de nuestra vida.

La humanidad no abunda porque estamos sin energía para ayudar a los demás.

Por eso, para ser los reyes y la buenísima gente que fuimos de niños, solo nos queda luchar por estar bien y cargar de vatios a nuestro entorno.

Empieza por ti. (Un mensaje polémico que me gusta transmitir es el de «primero tú, luego nadie y, por último, los demás», pero no te enfades pues es una forma de hablar y lo que pretendo decirte es que empieces por ti para que puedas mirar por los demás).

Constrúyete con tus millas diariamente, caminando, corriendo, o en muletas —por favor, si te vales no cojas el patinete eléctrico, ni el ascensor, ni las escaleras mecánicas—, lee, escribe, canta, baila, pinta, muévete cortando maleza o dando de comer a los animales. (Anota en tu libreta esas rutinas que te funcionan).

Haz por ser mejor. Recuerda lo que te gusta y ve a por ello. La única forma de hacer la vida más agradable a los demás es estar nosotros bien.

KIT DE REDUCCIÓN DE ESTRÉS

INSTRUCCIONES

1 - Colocar el kit en una superficie FIRME
2 - Seguir las instrucciones del interior del círculo
3 - Repetir el paso dos tantas veces como sea necesario
4 - En caso de perder el conocimiento por los golpes, haga una pausa

CLAVES

- Pocas cosas, por no decir que ninguna, hay más impro-ductivas que las quejas, así que deja de dar vueltas a lo que no te gusta de la condición humana y céntrate en lo que puedes hacer. Por tanto, si sabes que te quejas mucho, haz una lista con veinte cosas fantásticas que hay en tu vida y revísala cuando notes que te vuelven las quejas.

- Verte perdido en algún momento es de lo más normal, con lo que si estás en esas te ruego que releas los últi-mos párrafos de este capítulo y anota en tu libreta esos hábitos que sabes que te hacen bien y que vas a retomar progresivamente a partir de hoy.

- Para pedir ayuda, debes hacerlo a alguien que esté cui-dado, porque muchas veces pedimos ayuda a quien no nos la puede dar.

El hoy

Tres respuestas sólidas, frente a una que no hay por dónde coger. Todos nos equivocamos. Pero bueno, tres respuestas sólidas frente a una que no, no es mal ratio para ir por la vida con alegría.

Al revés, es garantía de que te va bien.

Mira sino cómo se las gasta Ana Milán, la actriz española, que ante preguntas desacertadas acerca de estar sola y sin pareja, respondió una tras otra que una cosa es andar sin pareja y otra, muy distinta, sola. Sin pareja, sí; por lo menos entonces, en septiembre de 2021. Y de sola, nada; con una sonrisa en la cara y una gran seguridad en sí misma.

Como mínimo, tres a uno.

Aquí más bien fue un 3 a 0, ya que no vi el error por su parte en las contestaciones. Desafió a esos dichos tan verdaderos de que «la perfección no existe» y de que «mejor hecho que perfecto».

Esta idea sirve de analogía para cómo te hablas.

*¿Cuál es el número de palabras positivas
y negativas que dices de cada ochenta
que te salen de la boca, así como de las que piensas
y no te atreves a verbalizar?*

¿Veinte positivas y sesenta negativas? Pues mal vamos. 1 a 3 significa que estás perdiendo el partido en tu casa.

¿Cómo puede predominar el maltrato en lo que te cuentas y no el amarte a ti mismo? Desde que desperté hace un lustro soy cada vez más consciente de que fui parte del 1 a 3, por no hablarte del 1 a 5, ya que casi todo lo que callaba eran diálogos internos atascados en mi mente de puro autocastración autosaboteo.

¿Te imaginas vivir insultándote cinco veces por cada una que te hables bien?

La mente nos secuestra y claudicamos entre las paredes y los barrotes de un coco que nos «esclaviza».

«Ser o no ser», nos diría Shakespeare.

Claro que no llegar a ese 3 a 1 en pensamientos y acciones positivas, nos convierte en seres más mediocres. (Algo así dice Bárbara Fredrickson, la experta que popularizó esta idea del 3-1). Básicamente, porque en esas lides no somos peones en sexta desplegando el potencial y sí unas versiones desmejoradas.

Con las virtudes y los vicios se ve muy bien. Si el proceder nada más despertarnos es: 1. buscar un cenicero, 2. y 3. mirar en el bolso si está el tabaco y el mechero, 4. coger un cigarrillo, 5. prenderlo, y, por último, 6. fumárnoslo; ya tenemos el 0 a 6.

Buscar un cenicero no es una virtud, sino un vicio. ¿Que para ti es 0 a 5 y no 0 a 6, ya que lo de buscar en el bolso el tabaco y el mechero fue un gol y no dos? Pues 0 a 5. Como si quieres dejarlo en 0 a 1, ya que todo se reduce a la acción de fumar. Pero los tres puntos, se los lleva el rival. La moraleja es simple: Vamos mal con la nicotina dominándonos. (Fumar acorta tu vida. Todos los estudios dicen lo mismo, por lo que tengo que recordártelo).

¿Quién soy para juzgarte? Ya lo hace la vida por ti. Con esa forma de ir por ella, compramos lotería para perder antes de tiempo el partido de la existencia terrenal.

En todo caso, nadie sabe mejor que uno mismo los resultados que tiene. Si eres o no lo que anhelas. Ahora veo más nítido cómo nos engañamos y, en algunos casos, siento el vacío de la envidia y de que los caminos se bifurquen con la gente que quieres. Tú elegiste salir del 1 a 3 en el que vivías y pasar al 3 a 1. Quisiste ser.

La inmensa mayoría, si nos fijamos, es más un 1 a 3 que un 3 a 1, con tres hábitos negativos por cada uno positivo.

Cuando conoces a alguien, si eres un 1 a 3 o un 1 a 5, es normal que conectemos con otro cenizo que esté a nuestra altura o con uno que haya pasado por algo similar y entienda, por tanto, nuestro sufrimiento.

Esto último ocurrió con Kaspárov, que me ayudó gracias a que quise escucharle. (Algo tarde, ya lo verás más claro cuando llegues al final del libro, pero más vale tarde que nunca).

Y lo de reflejarnos dos cenizos me pasó hace unos años, cuando coincidí en un curso de empleabilidad con Anand, una persona (hoy amiga, ya que a pesar de la caña que le metí sabe que lo hice por su bien) con las mismas ganas que yo de crecer en su profesión y similares «taras» mentales.

Noté su empuje y, por un tiempo, me engañó. Hasta que descubrí la realidad: postureo en las redes sociales, plagado de mensajes vacíos.

Esperas y esperas y Anand no paga el precio para dártelo. Su compromiso no es real.

No decide ser, como sí hizo Shakespeare. (Recuerda el célebre «Ser o no ser» que se atribuye al escritor William Shakespeare).

Conectamos, porque éramos 1 a 3 o 1 a 5. Personas que queríamos mejorar con la boca pequeña y grandes excusas, pero que no habíamos encontrado el Santo Grial, como sí hizo Ana Milán.

Recuerda que va unido persona y profesional, con lo que, si somos ramilletes de quejas, vicios y desagradecimiento, que suelen ir muy unidas todas ellas, la conversión es a un ser peor.

Esto es lo durísimo de vivir en un penoso ratio de tres hábitos tóxicos por uno brutal (cualquier libro de Marcos Vázquez o Álvaro Bilbao es oro puro en tratar los buenos hábitos para llegar a las metas que te marques).

Por eso mismo, más nos vale estar cargados de hábitos atómicos —no dejes de leer el fabuloso *Hábitos atómicos* de

James Clear— de pensamiento y acción, siendo así personas vitamina y mejorando la vida de los demás.

Estando mal, somos tóxicos y, desgraciadamente, empeoramos los días a terceros.

La parte positiva es que no hay un problema cuando tienes una solución. Y la gente que vive con el 3 a 1, chutadas de energía, fuertes y equilibradas, la tiene.

¿Qué hacen estas personas para vivir así de centradas? Básicamente, lo que sabemos y quizá no aplicamos del todo: construirse y no destruirse.

Se llevan todo a la parte positiva —sin obviar la realidad— y de ahí sale el resultado brutal: Causa y efecto, siembra y cosecha, acción y resultado.

Los admiras por la naturalidad que irradian, expresándose sin miedo, sea ante un superior, inferior o un igual.

Contestan como Ana Milán a las preguntas, pues son personas con las respuestas a punto, listas para salir.

Hacen fácil lo difícil.

En el momento justo, con las palabras adecuadas, el tono pertinente y la mirada que toca.

Lo tienen trabajado tras años esculpiendo la piedra del entusiasmo útil, la voluntad atómica y la fe ciega en todo lo que se embarcan.

Reconozco que admiro y tengo cerca personas de 3 a 1, de las que trato de aprender todo lo que puedo, aunque lo cierto es que progreso más lento de lo que quisiera. (En lo de modelar al que lo hace mejor que tú, aguarda a leer el capítulo «Taxistas»).

Por mi experiencia, te diré que el camino
es igual al del peón de ajedrez: TORTUOSO.

¿Eres consciente de la selva de piezas que la madre naturaleza puede tirar contra nosotros a la mínima? Muestras de ello son:

- las ramas de los árboles o los ladrillos de las fachadas machacándonos la crisma,
- una gota fría (DANA) que te mata o te destroza la vida,
- los jefes envidiosos y los familiares que no soportan que avancemos o les mantengamos la distancia.

Son los caballos, alfiles, torres y reinas del equipo contrario y pueden devorarnos a la mínima, ya que son más poderosos.

Por no hablarte de otros peones —tu esposo, un amigo, un hermano, etc.— a los que, que les dejes atrás con tu esfuerzo diario, tampoco «les pone» demasiado.

Lo que es incuestionable es que los peones más avanzados del juego, los que están en sexta o séptima fila del ajedrez, destacan para bien entre los demás peones. (Por si te gustaría saber cómo se mueve el peón, te animo a que vuelvas al capítulo «Peones» y verás que son muy, muy vulnerables, pero también verás que pueden llegar a ser muy, muy poderosos).

¿Y cómo lo hacen para ir por la vida con esa aura de iluminados que prende a los demás con su ejemplo que, dicho sea de paso, es lo mejor —por no decir lo único— que funciona? Son personas que combinan un profundo amor a sí mismos y un proyecto de vida que les llena.

> *Se quieren sin la arrogancia de los que*
> *dicen amarse y, por dentro, se detestan.*

Se saben capaces de dominar cada momento y situación, sea la que sea. Por eso no las percibes nerviosas —lo están, pero para sus adentros— y hablan a cámara, o a quien esté delante, con una convicción que genera confianza y magnetismo.

Y si notas prepotencia, es más por tu envidia cochina que por otra cosa.

¿Quieres mejorar ese ratio desolador de 1 a 3 con el que vamos en ocasiones por la vida y que no es el 3 a 1 con el que creemos ir?

Pues empecemos a cuidarnos de verdad interiormente.

1. Sin permitir que un problema laboral que nos hemos buscado con esa ilusión de niños inmaduros nos destroce el fin de semana.
2. Sin tolerar que el de la autoescuela nos avasalle con que paguemos una clase que no hemos tenido.

3. Sin flagelarnos con que carecemos de la facilidad de palabra de Ana Milán y por eso no nos expresamos como ella y damos peores respuestas.

Ninguno tenemos su capacidad, porque no somos ella, pero sí queremos mejorar las virtudes y apartar los vicios, tener más aciertos que fallos, ir a la cama más contentos que frustrados, hacer el bien y no el mal en nuestro periplo vital, ya sabemos el camino:

Trabajar diariamente desde primera hora de la mañana en seguir el ratio 3 a 1.

 CLAVES

· Siento si te molesto con alusiones que considero necesarias. Solo busco recordarte que hay millones de personas que mueren cada año en el mundo a causa del tabaco.
· Si no sabes decirte cosas buenas, por lo menos no te digas cosas malas.
· Tres aspectos esenciales para no ser un muerto en vida son combinar un profundo amor a sí mismos, un proyecto de vida que te satisfaga y trabajar desde primera hora de la mañana en seguir el ratio 3-1 donde primen las acciones y hábitos positivos sobre los negativos.

2.
Propósito

¿Quieres copiar como viví? No deberías.

¿Qué me pasó? Lo que a demasiados.

Te pasas una gran parte de la primera mitad de tu vida, hasta los treinta y cinco, pensando que eres eterno; que llegará el sueldazo. De los treinta y cinco a los cuarenta te pegas la hostia, descubres que no tienes tiempo para todo y que hay que elegir muy bien en qué batallas participas, que más vale sean útiles para los demás y las disfrutes.

¡Ah! Y del sueldo, ¿qué?

Pues verás que el pastizal no te lo va a poner tu jefe porque lo vales o creas que te lo ganaste. Te llegará o no, pero sobre todo reparas, al cruzar el ecuador de una larga vida, en que ya te has comido más o menos la mitad, y de que lo venidero más vale que tenga significado no solo para ti, sino para terceros.

¿No entiendes qué te quiero decir?

Pues dos cosas.

Una: que reflexiones en el para qué del motivo que te hace levantarte y seguir cuando no apetece.

Y dos: que consideres que el dinero no es lo único y que el dinero en sí mismo no debe ser el propósito de tu vida. Eso sí, más vale tenerlo. (Ponte *F1*, la película que protagoniza Brad Pitt, y me entenderás mejor).

Codiciar el dinero es ser gilipollas.

¿Postergas la felicidad por no llegar a los equis mil anuales o retrasas formar familia porque antes quieres acumular una determinada cantidad de dinero?

Eso es vivir con un propósito podrido.

Muchas personas retrasamos nuestro bienestar por no darnos cuenta de que la pasta y el trabajo no son lo único importante.

 CLAVES

- Es importante que te preguntes y busques respuesta al ¿para qué estás aquí?, ¿qué contribución quieres dejar? Yo busco ser capaz de ayudar a los demás desde una comunicación honesta y que sea el catalizador para que aceleres tu desarrollo. ¿Y tú, en qué batallas vas a participar a partir de ahora?, ¿cuáles son tus prioridades? Escribe lo que te salga en la libreta que usas conmigo.
- Hay capítulos que son duros de digerir para mí. Este es uno de ellos, por lo que espero que aprendas de mis

errores: la familia no la creamos siempre cuando queremos, sino cuando podemos.

- El dinero y el poder tienen sus riesgos: aprende a mane-
jarlos. Cada vez nos sometemos a más presión y por eso
hay cada vez más ictus. El dinero es importante para poder vivir en condiciones dignas, pero no es lo más importante (o no debería serlo) cuando vives dignamente.

3.
Minutos

¿Has ido cambiando tu propósito con los años?

Lo fácil es mirar la cuenta corriente y quedarse ahí.

Es más efectivo que cuentes los minutos que disfrutas al día y los que no.

De los 1.440 minutos que disponemos, pon en una balanza los que conservarías y los que tirarías a la basura.

Los que duermes también.

¿Que te levantas hecho polvo?

Pues es que vas a la cama con problemas en el coco.

¿Que te pones en acción a los pocos minutos de despertar?

Guarda los 420 minutos (o los que duermas) en la bolsa del buen propósito.

Te ruego que durante unos días metas en una bolsa blanca los minutos que sirven y en una bolsa negra los que tirarías en el primer contenedor porque te aportan desdicha.

Todo lo que sea acumular dos jornadas seguidas de más de 720 minutos de desecho, míratelo.

¿Te parece una pérdida de tiempo? Yo te diría que es peor vivir mirando la hora porque no te gusta lo que haces o pensando repetidamente en que mereces más dinero o más cosas. Cuenta minutos. Todo lo que sea más de tres días a la semana donde resoplemos más de lo que disfrutamos, hay que frenarlo. Chequeemos dónde está el problema. A poco que hagamos introspección, verás cómo tu propósito ha ido cambiando con el tiempo. Por ahora, solo espero que estos minutos los metas en bolsa blanca y que te empujen a vivir en plenitud.

 CLAVES

- El dinero es muy importante y en la pirámide del reconocido psicólogo Abraham Maslow está en la base, así que para él también lo es. Pero igualmente dice que, si uno está cubierto de las necesidades básicas de comida, bebida y de un techo, más vale que tengamos alguna razón más importante que el dinero que nos levante de la cama: dejar algo escrito que ayude a los demás, más que a nuestro ego, puede ser una de ellas.

- Cuenta minutos durante una semana y mete en una bolsa blanca los que cuentan y en una negra los que no.

Es una forma fantástica de hacerte consciente de tu situación real. A partir de ahí, la mejora es posible.

- ¿Cómo estás tú hoy y qué puedes hacer para estar mejor que ayer? Responde en tu libreta y seguimos.

4.
Ética

El progreso, la mejora, el no acomodarse, es una *rara avis* en la mentalidad mayoritaria.

¿Por qué la ambición sana está tan denostada que parece tabú?

Quizá porque en muchos casos no es precisamente honesta.

La ambición sana está ligada al progreso y la insana, a la codicia. Un ejemplo lo tenemos en las películas de *Gladiator*: Marco Aurelio y Lucius son progreso, mientras que Cómodo y Macrino, codicia.

¿Cómo te ves a ti?

¿Te gusta que mejoren los demás al igual que lo haces tú o lo que te llena es crecer a costa de la gente que te rodea?

¿Por qué nos molesta ver a las personas mejorar más de lo que lo hacemos nosotros?

En nuestros adentros supongo que será por envidia cochina.

Y mira que conecto más con la admiración sincera que con la envidia cochina —sobre todo, cuando estamos bien de ánimo—, pero por algo dicen que esta es el pecado nacional y que a la gente que apreciamos queremos que le vaya bien, pero no mejor que a nosotros.

¿Encantado o asqueado de conocerte?

Por días, supongo. (No siempre reconocerse es maravilloso).

¿Qué nos queda entonces para mantenernos en un camino del que nos sintamos orgullosos?

La ética. Es el pilar que nos sujetará cuando decidamos ser Marco Aurelio o Cómodo, o Lucius o Macrino. ¿Qué no te quedas con ninguno? Pues elige a Máximo y su lealtad. (Yo lo tengo claro).

Por contarte una anécdota de mi círculo más próximo acerca de la calidad humana y de la integridad y honestidad, que son la forma más elevada de lealtad; Kaspárov se levanta todos los días a las seis en punto y dedica el primer minuto a ver cómo puede seguir mejorando.

Sale con energía de su casa de campo y siente el aire, escucha los sonidos de las hojas, los ladridos, los graznidos, los ¡kikirikiii!, y sabe que esos segundos son suyos. Lo que piensen los demás, salvo excepciones, se la trae directamente al pairo.

¿Que no te suena un discurso muy ético precisamente y sí de bicho raro? Como nos diría él: «Procesa, discierne y opera».

Tres cosas con la ética sí que te pregunto:

1. ¿Por qué no buscamos la mejora del progreso por encima de la conformidad?
2. ¿Por qué no hacemos eso con una cierta relajación?
3. ¿Dónde enfocamos la mente desde el primer minuto que nos levantamos, en deducir o en producir?

 CLAVES

· Lucha siempre por lo que crees correcto, pero cuídate por favor y no te juegues el infarto, ictus, o como quieras llamar a que la salud se quiebre. (Mi gran amigo padeció esa desgracia recientemente, por lo que, aunque se ha recuperado bien, se me remueve el corazón cada veo que releo el capítulo «Haz» y también es un doloroso pero necesario recordatorio para ser más conscientes en que todos podemos perder la salud en un momento). Con estas premisas, El Dorado de disfrutar del viaje de tu vida estará mucho más cerca.

· Reflexiona sobre los valores y principios éticos que deben seguir tu conducta diaria. ¿Eres coherente?

· Ríndete cuando notes que vas mal e intenta otra cosa. Rendirse no significa parar del todo, si no que es más bien parar para reparar, parar para pensar, para reflexionar, para ordenar las ideas en silencio. No te detengas nunca o acabarás perdiendo el entusiasmo útil y siendo un muerto en vida. (Ten muy presente el último capítulo de *Don Quijote de la Mancha*, de Miguel de Cervantes, cuando Sansón Carrasco, uno de los amigos de Don Quijote, dice sobre este: «Morir cuerdo y vivir loco»).

5.
Diazepam

¿Me preguntas cuáles son los efectos que siento gracias a incorporar el hábito de leer? Más de 2.000 días después de que me regalaran aquellos libros puedo decirte que la literatura es un salvavidas.

Hoy miro atrás y solo veo ventajas en coger un texto de la materia que sea. Entre consumir series sin freno, dar *likes* al por mayor, o coger un buen libro, hay un abismo.

Insisto: lee. Cuando una escritora se vacía en refinar por qué ve las cosas como las ve y llega a manos de alguien que busca respuestas, los libros nos pueden revolucionar la vida para bien. Los años que ha dedicado el autor a su obra le avalan. (Y si dudas entre varios manuscritos al comprar, puedes revisar por internet las valoraciones, como complemento a las recomendaciones del librero).

Solo con esto ya mejoramos, aunque en un principio no lo creamos.

Cuando empecé con esta «droga» me costó casi tres meses terminar *Tus zonas erróneas* y el *No te rindas*. No tenía hábito. Además, de aquella, la mente no la tenía entrenada y me costaba concentrarme. Cierto que no son libros fáciles. Son densos, sí, muy densos, pero con útiles pautas de superación personal para quienes estén dispuestos a crecer de verdad.

Y yo lo estaba. Es lo bueno de «tocar fondo» y de saber que, aunque has dejado de ser el tío entusiasta del ayer, estás decidido a ponerle coto.

Están repletos de citas y de bibliografía, con lo que, si eres un pelín curioso, adentrarte en cualquiera de los dos es como si cogieras una cajetilla de tabaco y fumaras. Leyéndolos inhalas humo, solo que del bueno. De aire fresco y puro.

Estás ganando vida y no dejándotela.

Gracias a que los leí, porque si regalan algo nos gusta corresponder, máxime si el obsequio viene de un amigo para ayudarte —con los años supe que la auténtica promotora fue su esposa ¡qué mal me vería para hacerlo!—, entré en un maravilloso camino que haré porque perdure.

Recuerda que o vamos para adelante o hacia atrás.
Y con la lectura diaria: avanzaremos.

Tus zonas erróneas, de Wayne W. Dyer, logró que las miserias que había descubierto el autor en él las viera yo en mí.

1. Comparándome con otros y no conmigo.
2. Enjuiciando todo a la mínima.
3. Viviendo en el pasado y lleno de negatividad.

Andaba perdido y por eso me vi por primera vez sin recursos para sortear un bache y tuve que tomar medicación.

Te cuento así de crudamente cómo afronté un momento complejo, por si nos sirve para llevar mejor nuestras neuras.

Fui uno más entre los millones de medicados, pero lo sentí como un fracaso.

Mi visión de alguien que ingería Diazepam, aunque fuera puntualmente, era muy negativa. Hoy la he normalizado, al igual que ir al psicólogo o psiquiatra. (También pienso que mucha gente vive medicada porque no tenemos tiempo a pararnos a pensar y a resolver las cosas, y creo que el mejor fármaco pasa por estar a gusto contigo).

Lo que aprendí es que, si te aplicas, saldrás del abismo más rápido de lo que piensas, aun cuando no veas escapatoria. (Recuérdalo: acabarás viendo el pozo como un túnel, según el prologuista de esta obra, y la tumba como un bache, en palabras del luchador Ilia Topuria).

Por si crees que no estoy legitimado, dado que no soy un profesional de la mente humana, es tu opinión. No obstante, me encantaría que valores la honestidad de la historia que te transmito, pues es mi realidad tal y como la viví.

Tras tres días con fármacos, al cuarto decidí que la mejor forma de colocar la cabeza en el sitio era hacer yo por recolocarla.

Decidí mirar por mí —ni un ángel nos salvará si no queremos salvarnos—, apartar el alcohol —con el que había intimado demasiado, hasta el punto de que me mandó al hospital y su consumo causó problemas en mi vida y en la de la gente que quiero— y volver a correr —actividad que paré del todo cuando me vi sobrepasado por las ínfulas de poder—, preparando en dos semanas la maratón de San Sebastián en la que me había inscrito casi un año antes.

Cuando estaba hecho polvo, decidí participar.

Por mucho que buscara culpables yo me había metido en el hoyo y, por tanto, era responsable de salir de él.

¿Lo positivo?

No conseguí terminar la maratón, pero me fui con los libros a Donosti y disfruté de la carrera.

Lo mejor es que desde aquella el amor por la lectura lo cultivo cada día.

Los devoro obligándome a acabar dos —es una de las metas semanales que desde el 2023 he subido a tres—, y hoy, siete años después de esta caída a los Infiernos, y con la mente bastante centrada (¡toquemos madera porque siga!), me rompe el alma cuando alguien me dice que no lee porque es incapaz de concentrarse y se cansa rápido.

Estando mal todo es más difícil. Ahora bien, si haces por abandonar los pozos, claro que es posible lograrlo.

Llevará más o menos tiempo, pero poniendo remedio —entusiasmo (útil), perseverancia (atómica) y fe (ciega)— la salida de las tinieblas está más cerca.

CONFÍA EN ESTAS PALABRAS Y CREE EN TI.

Si uno pudo tener a raya los traumas, tú también. (¡Ojo! No todos los traumas son iguales, y lo que para mí fue «tocar fondo» quizá te parece una expresión demasiado fuerte). Leer diariamente nos aleja de los Diazepam y mejora nuestra vida. Muy parecido a lo que sucede por ejemplo con correr o escribir.

 CLAVES

- Lo que para mí fue «tocar fondo» para ti puede ser una chorrada, por lo que lo más importante es que normalices el sentimiento de fracaso o de culpabilidad que sufrimos, que notes que puedes superarlo y también que la ayuda externa está por algo. Hay veces que necesitas a un tercero.

- Donde digo libros y personas (gran binomio), pon lo que te gusta y que te sirve para ir mejor en tu día a día: ganchillo, sopas de letras, crucigramas, escuchar tu lista de canciones para ir chutado de energía, hacer punto, mandalas, pintar, dibujar, jugar con la textura del papel del clínex...

- Una obviedad que ya te he narrado en varios capítulos y que te recordaré hasta la saciedad a la vista de las dificultades que escucho a la hora de construir hábitos que funcionen a los demás es esta: la única manera de adquirirlos es cultivándolos.

6.
Taxistas

Qué razón tiene Victor Küppers con sus anécdotas cuando desafía a la genética con encendido entusiasmo. Si me tengo que quedar con uno de los miles que abundan como solucionadores de tu vida, cuando bastante tenemos con arreglar la nuestra, ese es Küppers.

Quizá por eso lo logra. Porque tampoco busca cambiarte, sino que reflexiones para que lo hagas tú. Empieza por ti, decía Buda.

Comienza por mejorar tu mundo
y deja a los demás con el suyo.

Te incido en lo de dejar vivir, que cómo cuesta a veces. Y a los que nos encanta analizarlo todo y a todos, ya ni te cuento.

¿Que si somos peones avanzados? Pues no lo sé. Dependerá del día y del esfuerzo que hagamos por evolucionar.

¿Y los demás? Pues ahí van. Como tú. Como yo.

Peleando más o menos, ahí radica la diferencia: en lo que luchamos.

Siempre digo lo mismo, y Küppers tampoco cuenta otra cosa, pero es que lo transmite tan bien —claro, ameno, humilde...—, que dices: ole, ole y ole.

Con ese «peón en sexta» solo puedo levantarme, aplaudir y copiar.

A los mejores, cópiales, sin perder un ápice de tu estilo personal.

Él combina lo que, a mi juicio, no logra (casi) nadie. No solo es el entusiasmo útil —que sí, es de lo que más se contagia—, sino que, además, me lo creo, pues transmite una coherencia brutal.

Y esta es la gran diferencia de Küppers con la mayoría de los conferenciantes. Los hay buenísimos, pero que aúnen entusiasmo y una serenidad que viene de lo más hondo, dando ejemplo con sus actos y apariencia, pues sinceramente son *rara avis*, salvo excepciones entre las que se encuentra Marian Rojas Estapé.

Estoy escupiéndote mi verdad, como se hace con lo genuino que sale del interior.

Y claro, cuando cuentan la historia de que hay taxistas y taxistas, me llega al alma, máxime cuando mi padre y mi hermano llevan entre los dos —aunque mi papá esté ya en el cielo— casi un siglo trabajando en esto —ver capítulo «Ayuda»—. Sí, mi progenitor curró mucho, y mi hermano es mucho mayor que yo, que si no las cuentas de los años suenan a algo imposible.

De todo esto, por si te suena a bla, bla, bla, la mejor anécdota que recuerdo es una suya. La verás por internet entre sus vídeos, concretamente en uno de la fundación del banco BBVA titulado *Versión completa: Victor Küppers, el valor de tu actitud,* diferenciando entre los taxistas con los que se topa cuando para con su moto en los semáforos.

Búscalo, por favor. ¡Claro que hay diferencia entre unos taxistas y otros!

¿Qué nos pasa para vivir de maneras tan distintas? No quiero repetirme más, pero, ¿qué nos ocurre para ir unos tan quemados y otros disfrutando al atravesar el sol?

Vale que la gente está muy sola, que la vida a veces no nos sonríe, pero, joder, ya valió. Que también tengo pésimos días.

1. Mi padre murió ahogado en el mar hace muchos años.
2. A mi madre, le queda lo que le queda, pues ya va camino de los noventa, y cada día es para celebrarlo.
3. No tengo hijos que me hagan desvivirme con ellos por muy mal que esté.

Vamos, que sí, que tengo paz interior tras superar diversas tormentas existenciales, salud, ganas de seguir mejorando y, hoy por hoy, un buen trabajo, pero no llegó nada de esto del Cielo. Por ponerte un ejemplo, el trabajo llegó como sucede con ellos cuando no te conoce ni el tato en el tajo: que hay algo más que el enchufe y suerte, que sí, que

Lourdes apareció, pero igual uno se estaba acercando un poquito a ella.

Te lo digo para poner freno a lo de que todos los días son iguales, que no llegaré a mi máximo, pues necesito muchas vidas para ello, que vaya mierda de tiempo y que nada está en mi mano para lograrlo.

Por favor, ¡cambiemos la inercia
de despertarnos amargados!

Porque vaya diferencia de cara que tenían las dos personas que vi desde el balcón mientras te escribía: una con un rostro amable y la otra con una cara de pocos amigos que metía miedo. Dale con compararte y analizar, sin conocer un ápice de la realidad del otro.

Pero tengo que contártelo tal cual lo viví.

Me quedé reflexionando al verlos y, de la que me puse a hacer deporte en la habitación, me dije: ¡Una de Küppers!

A la misma hora —siete y cuarto—,
semejante terraza —del hotel—,
en idéntica planta de piso —séptima—,
con igual mesa y silla para sentarse,
y barandilla para apoyarse.

¿Dónde está la diferencia?

¿Por qué unas personas eligen estar bien y otras no cuando todas comparten unos días de asueto?

¿Más tolerancia, empatía y compasión?

Puede ser, pero los estoy viendo mientras te escribo y la diferencia es notable.

Lo mismo sucede en los hoteles, que ves responsables que te echan para atrás y otros que no puedes olvidar por la familiaridad que tienen él y su hijo Fernando:

«Mientras duermo, no vivo».

Su respuesta, de la que salía de madrugada a echar una carrera por Vigo, me dejó seco.

Para José Manuel era más importante saludarme dejando huella que estar metido en una esquina de su hotel familiar pegando una cabezada.

Y yo voy a procurar levantarme menos amargado copiando alguna de las técnicas de los vídeos de Victor Küppers.

CLAVES

- Piensa dónde está el problema en tu vida y toma medidas. Una que funciona es cuidarte más. ¿Cómo? Lo de siempre: anda, siega, canta, baila, escribe, habla con alguien, cuenta hasta diez, toca la guitarra, haz yoga, cocina...
- Muchas personas utilizan la genética, sus circunstancias y su entorno como excusa para no progresar. Por eso considero tan importante la llamada a la acción que nos hacen los sabios: «El mejor momento fue hace años. El segundo mejor es hoy, ahora. No malgastes ni un minuto más».
- Los estados emocionales son temporales, minimiza los bajos y maximiza los óptimos. En otras palabras, haz porque pase lo malo lo antes posible y que dure lo bueno.

7.

Máquina

¿Cuánto influye la preparación en el éxito que tengas en aquello en que te embarques? La respuesta de ahora no es la misma que la de hace unos años.

¿Qué ha cambiado con el paso del tiempo? Pues, en lo más superficial, no ha variado nada.

Sigo pensando que meter horas de dedicación, estudiando al rival como Beth Harmon, la protagonista de la serie *Gambito de dama*, es garantía de un mejor resultado.

¿La razón? Irás más confiada y segura. Por tanto, más tranquila.

Hoy comprendo por qué triunfan los libros de autoayuda: que si creer en ti, que si quererte mejor o que sin los demás perdemos la autoestima.

Quédate con que cada uno se dispone a su manera para los retos que afronta: sea una competición deportiva, hablar en público o que te haga caso la chica o el chico por el que suspiras.

Lo triste es la de tortas que nos pegamos hasta comprender que son necesarias y que, además de sabiduría en aspectos técnicos y horas de experiencia adecuadas, hay algo todavía más relevante.

¿Que la preparación es clave del logro? Te lo compro. Pero la providencia que nos dará más réditos es la visión interna que tengamos de nosotros.

Grábate esto: ¿qué me digo cuando salga a hablar a estas personas? Partiendo de un interés genuino por ayudar, que te guíe el querer contribuir, hay una cosa que casi nadie nos cuenta y que es la mejor preparación de todas: decirte a ti mismo unos minutos de cada día: ¡soy un máquina!

No hay término medio en esto. O te llamas mierda o máquina. Como empieces: «Bueno, voy a ver lo que sale de esta partida de ajedrez» estás muerto.

Los «buenos» son señal de fracaso. Los «soy un máquina», repetírtelo cuando lleguen las dudas (que lo harán) no garantizará que quien te gusta se enamore, pero como vayamos con el cartel en la frente de «soy invisible», quien tengamos enfrente va a pensar justo eso: que no valemos.

Como te veas tú, te ven los demás.

Jamás te digas soy un mierda o así te tratarán.

Háblate bien.

No te mientas, no te engordes, no te cuentes cosas que no son.

Pero, por favor, confía en ti desde ya
para ahorrarte o minorar las leches que
nos hemos pegado los demás.

Como ya nos hemos dado unas cuantas, añade al estudio concienzudo de lo que sea en lo que estés embarcado una sola cosa:

Repetirte, cada vez que dudes de ti, ¡que eres un máquina!

 CLAVES

- ¿Qué es para ti lo más importante cuando hablas con alguien? Pues tenlo presente y decide siempre basándote en lo que a ti te importe, porque si tú no sabes lo que quieres te van a llevar por donde quiera el otro.
- Soltar por ahí que eres un máquina puede molestar, así que recuerda a David Bisbal cuando lo dice en la televisión. Por tanto, cada vez que tu mente quiera maltratarte y empiece a insultarte, déjale claro en tono bajito lo siguiente: que eres un máquina.
- Somos capaces de lo peor y de lo mejor, pero lo primero sale solo y para lo segundo nos tenemos que ver obligados por la presión social, por los demás, porque nos importa realmente lo que hacemos, por nuestras ideas...

8.
Enderézalo

Donde pongas la atención, irán tus resultados.
Cierto que donde tengas tu mente, irá tu tiempo y de ahí dependerán cómo sean los efectos.
Pero no es tan fácil todo.

Revisa cómo te levantas.

Hace unos días desperté con mi jefe y mi madre pensando cosas malas. Que si no sé qué, que si no sé cuánto. Ya sabes: funerales, negatividad. En fin, la mente en modo cenizo, lo que como es lógico, me lastró.

Además, eran las cuatro de la mañana, había dormido poco y sabía que tenía un día larguísimo por delante, ya que el siguiente era festivo y quería irme tranquilo a casa a disfrutarlo con los deberes hechos.

Y no solo estaba así por el trabajo.

*Recuerda que la vida es un todo y
como solo pienses en curro el resultado será
ansiedad con el futuro y más adelante igual
una depresión «de caballo» por estar
con la mente en el pasado.*

Yo no llegué a tanto con la melancolía —la buena gente que tengo cerca, un trabajo que me aporta, la lectura, la escritura y el deporte la evitaron—, pero la ansiedad sí la conocí —también hay una parte genética que va con uno—, y, por todo ello, procuro mantenerla a raya.

¿Cómo?

Pues cuidándome.

Quería ver a mi mejor amigo a última hora, ya que se iba a Madrid y no volvería hasta Navidades, así que tocaba mantenerse despierto. Y no las 17 horas habituales, sino 19 o 20. Alargar el día de las cuatro de la mañana a las 23 o 24 horas que te acuestas duele, pues las seis buenas horas de sueño las necesitamos casi todos. Lo cierto es que pregono un ideal de siete como ya te «dejé caer» en los conceptos sensibles del capítulo «Aclaraciones», pero también te digo que no hace falta tanto si son reparadoras y llevas un ritmo de vida sano. (Dicho esto, si el cuerpo te pide un día pegarte un homenaje de dormir tus nueve horas y puedes permitírtelo, hazlo. Hay que parar para reparar).

Que sí, que no soy médico, que quién soy yo. Que todo eso lo respeto, pero te hablo de cómo me encuentro yo y sé que en alguna medida te servirá. Y si no, escucha, que te voy a hablar de salud y eso interesa a todos.

Extrapólala a la tuya.

Lo cierto es que me levanté mal, porque tenía que hacer los hábitos diarios a primera hora antes de ir a currar y no me apetecía nada.

Igual que cuando toca estudiar y te lo has fijado. Lo mismo que si quieres ver a tu amigo al final del día.

Si queremos hacer sí o sí lo que nos planteamos cada día, más nos vale empezar a primera hora cumpliendo.

Sobre todo, porque como me dicen con tino mis buenos amigos Topalov y Karpov: «Si no haces lo que te funciona al despertar —y la primera hora tras salir de la cama es vital— luego no lo vas a hacer».

Y sí, yo soy de esos. Los ocho/doce minutos intensos de deporte, entre pesas y un poco de movimiento con tu peso o los hago tras escribir o leer y al rato de levantarme o me cuesta enderezar el día.

Sé que es pasarse con esta mentalidad
de todo o nada, de si no lo hago estoy jodido,
pero obligarse a tener disciplinas y seguirlas
a las horas que te fijas te hace ir por la vida
con un rumbo.

Lo mismo para caminar diariamente equis pasos, ver a tu madre todos los martes (y el máximo de los días que puedas, ya que, cuando tus padres se van, se van para siempre) o hacer tu diario de gratitud cada domingo con las diez cosas que agradeces a la vida de la semana.

Ayudan.

Sabiendo lo que sirve para domar la mente el seguir los hábitos a las horas establecidas, uno es también consciente de lo que pierde si no los hace.

Todo.

La dignidad, honestidad, llámalo como gustes. Son valores superiores. Si te has prometido hacer esto, hay que ponerse con voluntad atómica, y hacer, no lo que te apetece, sino lo que te conviene.

Vale, que soy un pesado repitiendo lo mismo y que cuide el lenguaje. Que no te obliga nadie, que no puedes con los «hay que». Pero toma nota, por favor.

En las buenas conductas, sean las que sean que te vayan bien, está nuestra salud emocional en juego.

Los psiquiatras Marian Rojas Estapé y Luis Rojas Marcos ponen en los primeros lugares el deporte para mantener la autoestima en regla, así que, si no me crees a mí, te ruego que profundices acerca de estas eminencias. (Investiga y leerás o escucharás frases como «debería ser obligatorio en la sociedad hacer ejercicio todos los días»).

¿Y cuál es el resultado de no cumplir con los hábitos a tus horas y que se acumulen para por la tarde-noche?

Que corres un riesgo enorme de fallarte. Máxime, cuando quedaste con la familia en no sé qué y encima recuerdas que hoy verás de noche a tu mejor amigo.

¿Qué hacemos en esos días que empiezan mal y siguen peor? Estar de mala leche. Es lo malo de no cumplir con tu peor juez. Contigo.

Y lo de ser flexible con tus rutinas, es la mayor mentira que podemos contarnos.

Podemos ser laxos en el momento de seguirlas, pero nunca en si debemos realizarlas o no. Di lo que quieras, pero el relativismo es autodestrucción. Los hábitos, o los sigues o no los sigues.

Eso significa habitualmente. A diario. Solo puedes fallar una vez y por causa muy justificada. Y el algún día, es uno, nunca dos.

Ten presente que, en los días negros, lo único que nos salvará del desastre es seguir las conductas positivas.

Recuerda, al principio, sin ningún afán.

Las ganas no llegan de la nada.
Entran al ponerte a hacer lo de todos los días.

Y no es inmediato.

A mí no me pidas mover el cuerpo a las seis y media de la mañana, salvo que antes haya escrito o leído un rato y tomado el zumo de limón.

No sé, es una secuencia. Es como si tienes que seguir un manual de esos de Ikea con las instrucciones por pasos para que el mueble se mantenga en pie. Hay que ir una a una con tus sanas rutinas para que cuando vayas a currar estés contento, viendo a tu superior con mejores ojos y a tu madre más viva que nunca en tu corazón.

¿Es fácil cambiar la mente así?

No, ya te digo que no. Pero muchas veces nos cambia la mente el hacer, no el pensar.

Te lo repito, pues esto es vital: el mero pensamiento positivo no vale. Es muy interesante la visión al respecto de los irreverentes libros de Buenaventura del Charco, *Hasta los cojones del pensamiento positivo*, y Oliver Burkeman, *El antídoto: Felicidad para gente que no soporta el pensamiento positivo*.

Despiertas torcido y solo consigue sacarte del bucle seguir los hábitos de acción.

Por tanto, si te levantas cruzado, se corrige abrazando las disciplinas diarias que te funcionan, que están automatizadas, para que no pienses.

Simplemente que las sigas. Es lo buenísimo de los buenos hábitos.

Tú procedes y ves cómo la mente va relajándose de la que mitigas el cortisol y el estrés que acumulamos; segregamos endorfinas y toda esa química negativa que mantenemos a raya gracias al deporte. Prevenimos los infartos, cada vez más presentes.

No soy experto en sustancias del cerebro, pero la ya citada Marian Rojas Estapé, la divulgadora y psiquiatra, sí.

¿Quieres rebajar el cortisol del estrés y subir los niveles de oxitocina para encontrarte con más bienestar?

Pues lee, escribe, haz deporte, baila, canta, ríe, ama, siega, mira las nubes y los pájaros, come unos pistachos, abraza árboles (sin abusar en lo de abrazar árboles que si todos hacemos lo mismo se caen antes) y disfruta del paisaje, patina, reduce el consumo de pantallas, cuece tus esculturas, practica juegos de lucha modernos con espada de goma, relájate mirando las flores de ese jardín maravilloso...

Algo así nos dice en sus libros, si bien lo de segar es cosecha propia.

Puedes enderezar un mal comienzo si quieres
y joder el día también si está en ti hacerlo.

Depende de uno, de dónde tengamos la atención en cada instante (el libro de Pilar Navarro Colorado *Entrena tu atención para lograr tus metas,* da buenas respuestas para ser más productivos) que el resultado de cada jornada sea más satisfactorio o no.

 CLAVES

- Vuelve atrás al espacio para pensar, coge tu libreta y responde: ¿cómo me cuido para mantener la ansiedad a raya? Dos recomendaciones. Si puedes organizarte, la ciencia estima (y mi experiencia personal lo corrobora) que es mejor hacer los hábitos que te funcionan a primera hora de la mañana para la mayoría de las personas.

Y segunda, si no vives en el presente la mitad más uno de los minutos de tu día, la ansiedad o la depresión te domina y eso es mala señal.

- La acumulación de hábitos es fantástica, siempre que se haga de manera progresiva y una vez tengas consolidado el anterior para que cuando uno esté firme se pase al siguiente con garantías de que no se nos caiga la estructura de ladrillos (hábitos) de nuestro edificio (desarrollo personal).

- Intenta no fallarte, y que si lo haces que sea un día entre muchos y nunca dos seguidos. Se puede ser flexible en el momento de hacer tus hábitos, pero jamás en si hay que hacerlos o no.

9.
Palabra

¿Cuál es el peso de los papeles hoy día?

Tú me dirás si se funciona más con costumbres antiguas o bien con las leyes del hoy.

¿Palabra o papeles?

¿Costumbre o leyes?

¿Qué te parece más adecuado en el mercado donde nos movemos?

Con los ojos de hoy tengo claro lo que prima: los papeles.

Te pongo un ejemplo: compras cualquier cosa y ya estás dejando huella con el móvil para que un tercero pueda reclamarte, y lo más normal es que tengas que pagar el producto antes de que te llegue.

El que vende te está queriendo decir que no se fía de ti. Con los abogados se ve con las provisiones, cobrando antes de darte un resultado. Una provisión no es más que eso. Yo recaudo por adelantado una parte y luego ya veremos lo que pasa.

Fíjate si importa menos la palabra que los papeles, que hasta nosotros funcionamos así.

No sé tú, pero yo sí. Y mira que la palabra para mí es sagrada, pero como sé que me despisto, necesito reglas para que no se me pasen las cosas e incumplir la promesa dada.

Te lo digo más claro: cuando tengo un día donde hay que llegar a un lugar minutos antes de lo habitual, obligándome a madrugar más, pongo tres avisadores para no dormirme.

No me fío ni de mí. Por eso conecto más alarmas, para no cagarla.

Los despertadores, las provisiones de fondos, la iguala de los letrados donde te cobran una cantidad regularmente, son el mismo perro con distinto collar. Son entradas al mundo de la ley y de los papeles. Al no me fío de mí, ni de ti; al quiero contratos de por medio.

Otro ejemplo son las herencias, donde se dejan atados los bienes tal y como quieres distribuirlos, en la medida en que la ley te lo permite. Pero no te quedes con que la palabra ya no importa nada. El coche que tengas lo puedes legar a quien te dé la gana. Los actos heroicos con los que te atreves a cuestionar el discurso de tu superior siguen existiendo y la gente que nos gusta siempre fue, es y será la que sabemos cumple sin necesidad de papeles de por medio.

Me creas o no, en este mundo donde todo parece tener un precio, el valor de la confianza y de los que hacen lo correcto sigue sin estar marcado. Estés como estés hoy, no dejes de creer en el ser humano, porque ese día morimos en vida.

Si sigues dudando, ponte *El último mohicano* o *El último samurái* y dime si luchaban por lo correcto o no. Si no te apetece ver la película, piensa en la Pasionaria y su célebre: «Mejor morir de pie que vivir de rodillas».

Por experiencia propia, hoy que reviso por enésima vez este escrito creado hace unos años, te confieso que uno puede volver a sentirse satisfecho si deja de engañarse que era lo que hacía yo.

Tuve que escuchar muchas veces a Kaspárov (fui lento, muy lento en «pillar» las ideas), el último celta, alguien que ves que (casi siempre, por no decir siempre) cumple lo que predica, soltándome sus verdades como puños —de ahí la monumental relevancia de rodearnos bien— para comprenderlo.

¡Cuánto nos enseñaron de todo algunos pueblos antiguos como los celtas que funcionaban sin escritos y con la palabra por bandera!

Las leyes importan, cumplir lo que prometes
a otros aún más, pero lo primero es
que no te falles a ti.

Tu autoestima y salud mental depende de que los demás te respeten y de que no te engañes con esos cuentos que nos contamos para no hacer lo que sabemos que tenemos que acometer.

Te lo ruego: sé honesto y antes de volverte un incrédulo nihilista renegado con la vida como me ocurrió a mí, reflexiona por favor sobre el poder de cumplir con tu palabra.

CLAVES

- La palabra importa más de lo que pensamos. Piensa qué tipo de personas te gusta tener cerca: las que cumplen lo que prometen o las que no.

- Ni todos los pueblos antiguos nos enseñaron cosas buenas ni ningún ser humano fue, es, ni será un modelo de perfección. Y no estamos peor que hace años (si piensas que cualquier tiempo pasado fue mejor te invito a que leas de nuevo este capítulo por si hay otra forma de verlo) ni las leyes son baladíes: si me dicen hace años que hoy no se fuma en los bares no me lo creería.

- ¿Has heredado alguna vez? ¿Cómo dejarías repartida tu herencia? Piénsalo, que al menos te servirá para ver quién es más importante en tu vida a día de hoy.

10.
Reflexionando

Estoy aquí fluyendo, tomando notas de la conversación contigo, veo luz por la ventana y, en cuanto terminemos esta charla, voy a salir a la calle a que me dé el sol. Con la sensación del deber cumplido. De estar aprovechando el festivo como quería de seis a doce de la mañana. Trabajando en mi proyecto personal. El nuestro más bien. Es un no parar. Y lo de hoy, no tiene nombre. Dieciséis hojas caerán cuando termine el cuarto texto del día. Para mí, algo inaudito. Y encima, escribiendo rápido.

¿No te pasa que cuando haces lo que amas se pasa el tiempo volando?

Conversar con alguien querido, meditar ideas, darles vueltas y plasmarlas ahora al papel es todo lo mismo: la felicidad.

Antes del covid-19 no era consciente de «nada». Te mentiría si te dijera otra cosa. Yo tiraba para adelante, pero el cuerpo y la mente fallaban más que una escopeta de feria.

Me di cuenta al sentir que el parón de malos hábitos me venía bien.

Ya te he dicho algunos buenos que adquirí:

1. Comer más en casa,
2. menos cubatas, tele y móvil,
3. leer más en papel,
4. no creerme todos los cuentos sin observarlos con ojo crítico,
5. o volver a hacer deporte con regularidad.

Fue una constante a partir de marzo de 2020.

En noviembre, ocho meses después, acabé de hacer eso que te digo: despertar. Fue algo progresivo, pero ya entiendo mejor lo que dicen algunos libros como el *Despierta* de Anthony de Mello.

Lo he vivido.

Escribir tuvo mucho que ver.

En concreto, poner negro sobre blanco aquel sábado 28 de noviembre de 2020 todos los pensamientos negativos que guardaba en mí, que eran la sombra del vividor y luchador que fui. Pasé de disfrutar de la vida a ser un amargado.

De marzo de 2017 a ese mes del 2020, esos tres años, me mantuve en un bucle del que no supe salir. Resultados que crees que no llegan, dejar de valorar lo bueno del camino, quejarte en exceso...

La falta de perseverancia no era el principal problema, que también, sino, sobre todo, que no me paraba a reflexionar. Iba como un pollo sin cabeza de un curso a otro, de una formación a otra, de un reto a otro.

Lo vislumbré a partir de noviembre de 2020, al empezar por fin a cuidarme mucho por dentro y, así, también por fuera. Ordenando y sistematizando poco a poco las ideas que ponía por escrito.

El hándicap mío es como el tuyo.
No es que nos falten ideas, sino que
no las centramos.

Escribir nos da esto.

1. Reflexión.
2. Confianza.
3. Todo. (Prueba a escribir para gestionar el dolor. Mal no te hará y, además, una vez sanado igual puedes ayudar en algo con tus textos a aquellas personas que veas más perdidas que tú e igual hasta te diviertes dándole vueltas al título que pondrás al libro que escribas).

Te lo expreso sin ambages, que te noto en un mar de dudas.

Que nadie te diga que no puedes. Porque sí puedes con más —sé mejor y lo harás—, aunque nadie pueda con todo.

Algo parecido te dice Curro Cañete, el de los libros de crecimiento personal.

Hay que encontrar el *click* que nos haga creérnoslo, gracias al cambio de hábitos.

El mío fue rodearme bien, especialmente de tres personas (Caruana, Trujillo y Kaspárov) que sacaron lo mejor de mí; y, en segundo lugar, por estructurar los postulados.

Que falta hacía.

Al respecto de esto último, lee al gran exajedrecista Garri Kaspárov en su manual: *Cómo la vida imita al ajedrez*. O escúchalo si prefieres por audiolibro cuando sentencia: «Todos y cada uno de los grandes descubrimientos son la suma de conocimientos previos, trabajo duro y reflexión sistemática».

Por experiencia te digo que la escritura te ayudará a la reflexión, a que pienses mejor y, por todo ello, a una vida más plena (y menos plana).

CLAVES

· Pon orden a tu dolor y disfruta más del proceso que del resultado y de la persona en la que te estás convirtiendo con tus actos cotidianos. El proceso, camino, o sistema —lo de menos es el nombre que usemos— es tanto o más importante a la larga que el resultado, pues te permite disfrutar a diario de las pequeñas mejoras que vas viendo.

· La escritura es una fantástica manera para que afrontes mejor tus problemas. También jugar al ajedrez, ya que te enseña a saber perder y con la derrota haces feliz al otro, meditar, el *kickboxing*, el momento ducha te da soluciones, pintar, subir al monte, etc.

- Parar en seco con la pandemia (desgraciada y bendita, así es como la veo hoy) a muchos nos hizo comprender que llevábamos una vida bastante absurda, a preguntarnos «¿qué estoy haciendo?», y a alguno como yo la pandemia (de ahí lo de bendita) le enseñó a agradecer más, a pensar y a organizarse mejor, a ser más consciente de los hábitos dañinos y sustituirlos por otros que iban mejor, a descubrir para qué se levantaba de la cama y así comprender mejor esa frase que leí literal de algún sabio: «Una persona sin ilusión está muerta, o a punto».

11.
Fe

¿Tú crees que puedes? ¿Y lo quieres de verdad?

¿A cuál de estas dos variables le das más importancia en los resultados que obtienes?

Hace siete años fui a dar una charla a personas desempleadas y empecé a preguntarme: ¿Qué es más relevante? ¿Creer o querer?

Vi un vídeo de Fernando Torres, el exfutbolista español. Y preparando la conferencia reparé en él y percibí que carecía de la autoconfianza suficiente. Lo que me ocurría a mí a la hora de hablar. Y cada vez más.

Mal íbamos con esta mentalidad.

Había cogido unos días de vacaciones y no podía sacarme de la cabeza como el Torres que a los diecisiete años parecía que iba a comerse el mundo solo se zampó una parte.

¿Qué faltaba? ¿Deseo o mentalidad? ¿Querer o creer?

Por lo que decía, que Luis Aragonés fue el entrenador clave para que se mantuviera en la cima, parecía que el problema lo tenía en su cabeza.

Fe

Esto es como si te gusta una chica o vas a una entrevista y necesitas llevar a alguien para que te ayude a ligar o a responder el test psicotécnico.

«Oye, que no puedo hablar contigo; me agradas ¡pero no tengo narices a decírtelo!».

¿Cómo es que no salen las palabras? Estas cosas que la timidez impide sacar nos condenan al fracaso.

A no ser todo lo buenos que podemos ser.

También con la persona que nos volvía loco, a la que nunca llegamos a decir que con nosotros iba a estar como con nadie.

¿Sabes por qué dicen que consigues ligar más cuando no notan que vas detrás?

Es solo porque cuando te comportas como un cenizo y muestras necesidad... ¡Lo percibimos!

Por si no me crees, mira cualquier libro o vídeo de Isra Bravo y verás lo que te dice acerca de lo contraproducente de mostrar necesidad.

Trátate bien y llegarás más lejos.

Con el deseo y la ilusión, pues qué te voy a contar. Recuerda que se vive con las ganas, pero no se consigue nada solo con ellas. (Necesitamos combinar la fe con lo que queremos).

Solo con deseos el edificio se caerá. A mí me ocurrió y por eso te insisto tanto.

Creyendo en uno y en el mundo, el resultado es siempre mejor.

Quédate con que si crees en ti: PUEDES. La meta está más cerca o más lejos, pero está. Y querer tenemos que querer, porque, si no, estamos jodidos.

No te supedites a que alguien crea en tu talento.

Si pretendes ser «un peón en sexta» —tu mejor tú— tendrás que creer en ti sin depender de los demás.

Afrontando los miedos y convencido de que saldrá bien.

Créeme: si no va de esta, con práctica irá mejor. Y en la siguiente. Y en la próxima.

Y si no va mejor siempre, ten claro que es lo normal y diviértete por el camino.

¡Hagamos por cambiar esa mente!

Escucha algo que siempre me emociona: llevo cuarenta años compartiendo momentos con mis amigos del colegio, ese que inauguramos en 1985 y que veo por la ventana desde casa.

En el WhatsApp de uno, al que daban por desahuciado por la compleja vida familiar que tenía de niño y por ser un mal estudiante, Vallejo plasma un lema que le representa a la perfección:

«La persona que nadie imagina capaz de nada es la que hace cosas que nadie imagina».

Y yo, que le conozco bastante, añado: sé que las logró porque tuvo fe ciega en que podía, y no tanto por un deseo ardiente.

CLAVES

- ¿Están el deseo (querer, entusiasmo...) y el creer (mentalidad, fe...) entre tus puntos fuertes o entre tus áreas de mejora? Contéstate y actúa: sácales partido y ponte manos a la obra. Por si dudas cuál veo más importante, te respondo: las dos.

- Vallejo es la demostración de que el entorno condiciona e influye muchísimo, pero no determina casi nada, y de que el esfuerzo por mejorar es más importante a la larga que el talento natural. Tú también puedes mejorar en aquello que te propongas y acomodar tu destino a uno que te interese más.

- Por si te sirve mi experiencia, ten cuidado con convertirte en un muerto en vida y también con el entusiasmo inútil o naif. Y si piensas: ¿cómo lo hago para tenerlo controlado? Pues sigue leyendo.

12.
Trabajos

¿De qué voy a trabajar?

Esta es una pregunta que puedes y tienes que hacerte. La respuesta determinará que lo logres o no. Como tengas en el coco metido que solo trabajarás como hasta ahora, estás jodido.

¿Por qué nos limitamos así? Tú mismo te condenas.

LO QUE PIENSAS ES LO QUE LOGRARÁS.

Esta afirmación es una verdad como un templo que, por desgracia o por suerte, funciona de profecía autocumplida. Esto te dice la psicología, los expertos, la ciencia actual y también así lo veo yo.

Se cumple aquello que cavilas.

¿Por qué te ves condenada a trabajar de aquello que no te gusta? ¿Porque es lo que has hecho hasta ahora? ¿Estás buscando cursos para reciclarte y dedicarte a otra cosa?

Te aplaudo en lo de hacer otras cosas si es lo que quieres, pero ponte ya. Llevas años con lo de mirar alguna formación que te permita trabajar de otra cosa y, por ahora, has hecho una y, encima, sin meterle cariño y tiempo. Y una a medias.

Veinticinco meses dan para mucho más. La coherencia en salir de la actividad de veinte años de un trabajo que no te gusta brilla por su ausencia, si el curso que haces ahora es para... adivina... ¡trabajar en lo mismo!

¡De locos! ¿Dónde está la congruencia?

Perdóname, pero yo no la veo.

No veo lo de no querer trabajar de algo y hacer lo contrario.

Hacer medio curso en años para poner remedio a tus males laborales es como comer un día acelgas y los otros cientos o miles hamburguesas si pretendes adelgazar. Llámame exagerado, pero en ese periplo puedes hacer cantidad de *webinars* que no dejan de ser charlas o cursos cortos, algunos gratuitos y muy buenos.

Y si una está verde con la informática y con la comunicación en público, tenemos mil y una maneras de ponerle coto.

Elige bien los tutoriales para manejarte con el ordenador, o con referentes en la oratoria que cuentan con canales de YouTube, como Marian Rojas Estapé, Marcos Vázquez, o el pódcast presentado por dos jóvenes —Juan y Sergio— y que se titula *Tengo un plan*.

¿Que para qué vas a hacer todo eso si solo trabajarás de administrativo? ¿Por qué no te das valor y te hablas mejor pues tú mismo te dices que no te gusta? ¿Por qué te condenas a vivir con esa mentalidad de «que será de mí» que tanto mal nos hace? ¿Por qué no te ves en lo que sueñas y te preparas sabiendo cómo funciona el mundo real?

Los contactos y las relaciones nos ayudan si queremos. Pero sin coche, sacando el carné en vano y omitiendo persuadir al de delante de que le vas a ahorrar problemas y tiempo —el tiempo y los problemas son dinero—, te resignas.

Te condenas tú solito a meter datos. Y eso mientras no te sustituyan por alguien más joven y que se haya formado como científico de datos.

¿En qué quieres trabajar y qué vas a hacer desde ya para ir a por ello?

 CLAVES

- Este capítulo es duro y personal y puede parecerte clasista y sexista. Lo importante es que si quieres cambiar lo hagas por ti, no por nadie, pero muchas veces las cosas las realizamos por los demás y pensando que es por nosotros, cuando en realidad lo haces por los padres, por los amigos, por la pareja... y sale mal porque no es lo que realmente queremos.

- Lo de que así como piensas es lo que lograrás sabes bien que es una verdad a medias. Pero dicho esto, la fe que tengas en ti es muy importante para prosperar en la vida, y por muy hundida que te sientas hoy, puedes salir de ahí.

- Por mucho temor que sientas al hacer algo nuevo —yo lo sentí y lo sigo sintiendo—, hazlo igual. La vida nos va enseñando y, el que quiere aprender, lo hace.

13.
Síguelo

Donde tengas tu cabeza, estarás tú. ¿Qué te ronda en ella?

La mejor manera que conozco para que mejoremos en la vida es que esté el coco centrado.

¿En qué?

Pues en lo que quieras tú.

La pregunta previa y la más relevante para nuestro crecimiento sería:

¿Qué es lo qué quieres? ¿Lo sabes?

Muchos creíamos que sí y era que no. Te hablo por mi existencia, en la que me pasé buena parte dejándome llevar.

¿Sabes realmente lo que deseas hacer con ella? Tienes que construirla tú.

¡Nadie lo va a hacer por ti! Desistir, dejar de pensar en desarrollarte, es la mejor manera de convertirnos en un corcho a la deriva. Que te manipule la sociedad, el entorno y, lo que es peor, tu propia cabeza.

A buscar buenas respuestas te ayudará saber dónde tienes metida la mente. Párate y haz este ejercicio unos minutos, lo que tardes, sea 1, 11, o 111 minutos. Da igual, cada uno precisa lo que necesita —mira yo, que estuve treinta y nueve años aletargado y los primeros treinta y cinco directamente sin pensar en nada más que en vivir el propio día— pero hacerte consciente de donde tienes enfocada tu mente merecerá no ya la pena, sino la alegría.

Y fíjate que podría hablarte desde la nostalgia, que nos mata a muchos en ocasiones, la de cuando nos damos de bruces contra la cruda realidad (antes o después llega).

Esto es lo durísimo de la vida. Que si vives el presente a tope, como fue mi caso, viene el momento en que te estrellas. Desde luego, lo pasas bien en el camino, pero, si no la palmas en ese éxtasis, llega, insisto, un instante, en que caes al precipicio y, aunque sobrevivas, quedas malherido.

¿Y sabes por qué nos pasa?

Porque no sabemos gestionar los sinsabores de la vida.

Estás mal acostumbrado. ¿Crees que con dejarte el alma en lo que haces llegarás a Roma? No. El esfuerzo por el esfuerzo, sin inteligencia, no es suficiente.

Porque, además, no es sostenido —en mi caso no lo era— cuando falta algo que te levante todos los días de la cama y te mantenga enfocado las veinticuatro horas del día —más bien, las que estés despierto— en cada una de las áreas clave de la vida que hay que atender: mental, física, espiritual, emocional/social, para que así materialmente —en lo económico— nos vaya mejor.

El presente por el presente, sin mirar al futuro,
no se sostiene a la larga.

Esto es lo que me ocurrió a mí. El *carpe moment* y el *carpe diem* son lemas muy bonitos, pero que se te quedarán cortos al tiempo. Me refiero a que tendrás que ser algo más que un mero disfrutón de la vida y encontrar ese propósito, el famoso sentido de la existencia, el para qué estás aquí.

A mí me dicen hace menos de diez años

que reflexione de esto, y directamente te hubiera mandado «a freír espárragos».

¿Pensar el sentido de lo que hago y de lo que quiero hacer de aquí en adelante? ¿Para qué hacerlo?

Pues esto te habría dicho. Sin dudarlo y con énfasis. Y ahora que he encontrado el significado, pienso: ¿y por qué no lo hice antes? Buscarlo y luego, una vez des con él, seguirlo con ahínco. Sabiendo que ignoras dónde llegarás, pero que este camino se hace más divertido que cansino.

Y para eso estamos. Para no caer en el aburrimiento y en la nostalgia y sí en proyectos retadores que sepamos que ayudan y ayudarán a otros.

*Porque un propósito de vida
sin la parte de los demás se cae del todo.*

Así que ya tenemos los ingredientes del pastel. Que sepamos lo que queremos dependerá de que le metamos cariño y tiempo a aquello que amamos. Así, solo así, poniendo cariño y tiempo a lo que amamos, sabremos claramente a qué hemos venido aquí.

Pues a hacer lo que amamos.

Ya, ya, ¿y este juego de palabras lo tenemos claro? Pues dímelo tú. (COGE EL CUADERNO Y APUNTA).

¿Qué amas hacer?

Los médicos y los profesores lo tienen más fácil, al igual que otras profesiones que se supone son puramente vocacionales.

¿Y tú crees que es eso lo que quieren hacer con su vida? Hay de todo pues, si investigas en ellos, no todos se divierten igual y a algunos solo les mantiene la retribución.

¡Ni disfrutan de los alumnos y pacientes que atienden!

Lo has vivido igual que yo, cuando ves el trato y difiere mucho de unas personas a otras. (Sirve para cualquier sector profesional).

¿Tú piensas que los educadores y facultativos, por el hecho de tener una golosa remuneración y un trabajo más o menos estable que tiene un gran componente de ayuda a los demás, ya están satisfechos con la vida que llevan de por sí? ¿Que no tienen ansiedades que acaban en depresiones o carcinomas que les mandan al hospital? ¿Y contradicciones en ellos mismos?

Venga ya. Anda que no los hay que están hablándote de serenidad, la predican y ves que fuman como carreteros *atados* a la nicotina para mantener la paciencia. Vale que no generalice, pero quédate con la idea. Repito: sirve para cualquier sector profesional. Somos incoherentes, ya que nadie ni nada es perfecto.

Para que te lleves algo aplicable desde ya, te diré que la clave de toda mejora radica en que estemos conscientes la mayor parte del tiempo.

¿Y qué harás con tu vida a partir de hoy? Ay, amigo. Pues en esas estamos todos. En qué hacemos con la existencia los días que nos queden.

Sí, no son muchos, así que más nos vale vivir con (cierto) sentido de urgencia a base de poner granitos de arena brutales en el entorno. ¡Ah!, y algo que olvidamos y que es el quid del desarrollo de cualquier persona en lo familiar y en lo profesional:

Nada es eterno si no lo cuidamos.
Y, aunque lo mimemos, tampoco lo es
al cien por cien.

Las parejas o matrimonios se rompen o pueden hacerlo; y no hace falta el divorcio, sino simplemente que alguien tenga un accidente o tu cónyuge una enfermedad terminal incurable. Con las familias pasa parecido y las vidas laborales duran lo que duran, como vemos cada día más claro sin tener que frotarnos los ojos.

¿Qué hacer entonces?

Pues construir una estimable obra de arte —en los veinte mil días saludables en mi caso, que para qué aspirar a quince mil, pudiendo poner una meta más ambiciosa— que esperemos disfrutar y hacer saborear a los demás a bocados pequeñitos cada día.

Los años pasan, vaya si transcurren, y en esto me tengo que poner serio.

Si no quieres sufrir lo que yo, pues, si tienes un carácter parecido o experiencias similares, lo padecerás; aprende de mis errores y ponte hoy manos a la obra.

Haz por encontrar y seguir lo que amas.

Para que superes la depresión, en la que antes o después puedes caer, lo único que te sugiero es lo que a mí me funciona: sigue día a día el camino que elijas.

CLAVES

- Cambia el enfoque. Cuando escribí la primera versión de este capítulo solo sentía la amargura, pero hoy tengo claro que también podemos ver otras cosas, y que el entusiasmo útil, la perseverancia atómica y la fe ciega todos podemos desarrollarlos para encontrar una salida ante cada problema.

- La clave de toda mejora radica en que estemos conscientes y enfocados la mayor parte del tiempo. Y recuerda: con nuestra mejora el entorno mejora. Unos a otros nos retroalimentamos.

- ¿Y qué es lo que quieres? ¿Qué metas tienes? ¿Lo sabes? Sé que ya te lo he preguntado varias veces, pero es importante que te pares a pensar sobre esto y, si la respuesta es que no lo sabes, haz por encontrar lo que quieres hacer con tu vida ya, que es una pregunta sustanciosa, y el verdadero problema de hoy es que mucha gente no sabe lo que ama. Vuelve a esos espacios en blanco que te he dejado para que reflexiones y escribe en tu libreta las conclusiones a las que llegues.

14.
Maleza

Siendo constante en el trabajo, inevitablemente, te abres camino.

Las prácticas de empresa pondrán a prueba tu paciencia, preparándote para que seas cocinero antes que fraile, y puedas, más adelante, valorar lo bueno.

Las piedras en la vereda, más o menos grandes, te las encontrarás cada dos por tres.

Lo bueno es que estás en marcha, sin prisa, pero sin pausa. Así la ruta es buena.

No conozco a nadie a quien no le haya ayudado esforzarse diariamente en algo. No duramente, o sí, pues depende de lo que entiendas por trabajo duro. Pero lo verdaderamente importante es que la actividad que desarrolles, o el proyecto que emprendas sea, sobre todo, constante.

Paso a paso, partido a partido, punto a punto.

Son frases que te dirían Carolina Marín, el Cholo Simeone o Rafael Nadal.

Rápidamente conecto con la emoción cuando recuerdo mi vida y, muy especialmente, la primera vez que trabajé en algo relacionado con mis estudios. Fue en noviembre de 2003.

Cierto que llevaba seis años dando clases de ajedrez en colegios a niños y niñas de mi ciudad, pues quedar con dieciséis años campeón de Asturias, de España por equipos y del trofeo Román Torán, el más conocido para menores de la región en la que resido, que unía a sus ciento treinta mejores jugadores en una semana y media de convivencia en algún pueblo —Grado, Cangas del Narcea, Tineo...—, junto a alguna entrevista en la prensa local; supongo que fueron un buen abrepuertas.

Por lo menos, no me las cerró. En un país donde los enchufes y la «suerte» mandan, los títulos rompen algunas barreras de entrada.

Tampoco sé el peso exacto que le damos a la valía en el mercado laboral.

Y de la carambola de estar en el sitio y momento adecuado, prefiero quedarme con una cita que se atribuye al actor Denzel Washington: «Estoy convencido de que la gente que avanza es la que se esfuerza más que el promedio. Madrugan, estudian más, trabajan más... Esa gente no tiene suerte... Tiene disciplina».

Recuerdo muy bien ese día: era viernes 7 de noviembre de 2003. Llevaba una semana haciendo prácticas de la segunda carrera que estaba estudiando. De la primera, Relaciones Laborales, había declinado hacerlas. Error. Por eso no estaba preparado. Con la licenciatura en Ciencias del Trabajo —recuerda que esto de los grados es más reciente— quise probar, como diría el maestro Joaquín Sabina en algunas de sus canciones.

Si no la vivimos, qué vamos a saber de eso de la experiencia.

Mucho lloré en esa semana en la empresa de trabajo temporal donde recalé, a la que llamaremos Gestión Alta, sin que sirva de precedente el juego de palabras.

Recuerdo estar con un caldito en ese otoño que ya parecía invierno. Enfrente del trabajo paraba a tomar un café o, en ocasiones, un caldo. En pocos sitios encontraba una manera fabulosa de calentar el estómago, como era tomarme aquella delicia.

Más que un gusto mío, empezó por una creencia de esas que se te pegan, al escuchar a tu madre que era bueno empezar el día así. Y claro, lo hacía. Y luego, pues sí, me aficioné.

Pero lo que no olvidaré es la sensación de frustración del primer contacto con el mundo laboral del futuro.

No encajé.

Era habitual, por lo que pude saber con el tiempo, que la gente como yo —alumnos en prácticas— las «abandonara», pactando un aprobado con la ETT (empresas de trabajo temporal).

Se beneficiaban de la subvención y punto. No querían enseñarte.

El primer día ya me quedó clara la aportación que se esperaba de mí.

Tú vas a coger el teléfono cuando llamen, atender el mostrador y recoger los currículums que te cumplimenten en nuestra ficha las personas que aparezcan por aquí. ¡Ah!, y regularmente irás a la calle General Zubillaga a registrar los contratos de trabajo, que de aquella todavía se hacían presencialmente.

Una ETT hace muchos de esos, así que, si quería, podía pasarme el día dando paseos. Pero no, prefería ir con todos de una vez a última hora y así «aprender» en la oficina. Cuanto más tiempo allí, mejor.

Hasta que me convencí del panorama. Aquella mañana fui consciente de que me había equivocado. Que no había elegido bien. Yo solo quería saber cómo iba a ser mi trabajo del mañana.

El ajedrez estaba muy bien, pero era un *hobby*, además «de pan para hoy y hambre para mañana». Lamentándome, con la cabeza baja, como la persona del balcón del capítulo «Taxistas» —por si no te lo dije cuando lo escuchaste o leíste, todos somos en algún momento de la vida el chico cabizbajo de la terraza y es clave reconocerlo y tener mecanismos para salir del pozo—, veía en la tele cómo una periodista asturiana —hoy reina de España— iba a casarse con el Príncipe —ahora rey— Don Felipe de Borbón.

No daba crédito. ¡Cómo cambia la fortuna por barrios! ¡Como para no recordar aquel momento! En unos minutos contaría que me iba. Que quería el aprobado ese sin lucharlo.

Aquella imagen me hizo aguantar. ¿Cómo iba a rendirme?

En casa siempre me habían inculcado que jamás había que bajar los brazos.

O mejor, lo había visto. Caídas muchas. Por los vicios, por la convivencia, por la vida, lo que fuera. ¿Capitulación? Ninguna. Así que decidí seguir.

Fueron dos meses más hasta Navidades, en los que hice lo que me habían pedido. Coger el teléfono, ir al antiguo INEM —Instituto Nacional de Empleo, ahora SEPE (Servicio Público de Empleo)— o atender y recoger las solicitudes que cubrían los que venían por allí buscando trabajo.

Hoy lo recuerdo todo más positivo que ayer. Fue una experiencia de lo que no quería, que solemos aprender mucho antes que lo que sí queremos.

Dediqué más tiempo que abandonando y la nota fue la misma: me pusieron un aprobado. La diferencia es que este se logró peleando.

Nunca encontraremos el lugar perfecto,
por lo que más nos vale fabricar el mejor posible.

Lo que no podemos es dejar de escribir, mejor o peor, pero avanzando. Cada uno con lo que le mueva. Paso a paso, la mayoría son para adelante.

Claro que es vergonzoso toparte con experiencias laborales donde no te quieran enseñar. Que desees mancharte las manos de grasa y meterte a arreglar o montar ese artilugio y no te dejen.

Pero bueno, por humanidad, aunque solo fuera por esto, debería cambiar la visión de las empresas «cárnicas» (que despedazan a los trabajadores, es como las llama con tino el psiquiatra Jesús José Martín de la Gándara en el pódcast *Tengo un plan*) que van por la ayuda, acumulando alumnos como churros y pactando unas condiciones inmorales.

Por desgracia, en esto no hemos mejorado demasiado.

Las organizaciones negreras, las personas que ven bultos en los que empiezan, siguen estando muy presentes.

Espero no serlo nunca y seguir puliendo las actitudes para ayudar más y mejor a los que, como yo en su día, se buscan la vida para acceder a la empinada escalera del empleo.

Sin enchufes, claro que estás más vendido, aunque también eres más independiente y no le debes nada a la gente.

Lo relevante es que la diferencia entre llegar a Santiago peregrinando sin rendirte con respecto a la senda facilona, se acaba viendo.

De ahí que con la constancia se abra camino.

Si esta narración te sirve, como a mí me ayudó ver a Doña Letizia, me daré por satisfecho.

Ella logró encontrar a su príncipe a base de madrugones en la CNN y dando las noticias a horas donde pocos aguantan trabajar. (Toda la gente válida que conozco son peleones. Gladiadores en ese sentido que nos gusta). ¿A quién no le conquista y le llega al corazón ver a las personas dejarse el alma? A poca, créeme.

Por eso te invito a que no te detengas y veas
una oportunidad detrás de toda la inmundicia.
Porque claro que de las experiencias malas
sacamos algo positivo.

Sirven para comparar y saber discernir lo bueno, cuando des con la empresa donde quieras trabajar. Lo virtuoso solo lo podemos ver así. Y estar en sitios desagradables nos da una enorme ventaja, que no valoramos cuando la vivimos.

Pero con el tiempo tienes una fortaleza que no conocías. Y es de lo que más te servirá, cuando las pases putas, que las pasarás.

Sé que esto de a-guan-tar-se (te separo las sílabas, para que notes más si cabe el esfuerzo) no es motivador, pero es esencial saber esperar el momento adecuado sin desesperarse. Inteligencia práctica para la vida de la que no se enseñaba en las aulas lo suficiente.

Pero insisto, aprende de la andanza. Selecciona mejor, para no estar toda la vida chupando barro, salvo que quieras revolcarte en él.

Te ruego que no te quedes solo con lo negativo de aguantar los primeros trabajos que te toquen.

Además, nuestra conciencia valora
la constancia y castiga el abandono.

Demostremos que podemos abrirnos camino entre la maleza.

 CLAVES

- Las creencias familiares —y más las de la infancia— condicionan muchísimo tu vida, pero no lo hacen del todo. Tú puedes ser más y mejor de lo que te han hecho creer en el colegio o tus amigos.
- Valora bien cuándo abandonar. Cierto que una buena retirada es una victoria, pero un mal abandono te perseguirá de por vida. Estás fallando a lo más importante del mundo: a ti mismo.
- Como me dijo un buen amigo y algo así se atribuye al genial pintor Pablo Picasso: «Es curioso: cuánto más me esfuerzo y más me preparo, más suerte tengo».

15.
Primero

¿Cuántas veces has escuchado aquello de «pon lo primero lo primero» y que hagas que lo más importante sea lo más importante? Muchas, no me cabe duda. Pues aquí te va una más con un ejemplo mío.

En mi casa, me dejaron hacer. Creo que acertaron dándome lo que más disfrutaba, si bien esto tiene sus riesgos. Dejar sueltos a los becerros tiene su aquel.

Nunca entendí la estrategia de los ascendientes de querer arreglar sus frustraciones con los hijos. Con el ajedrez lo vivía en demasía. Desde los siete años que comencé, presencié cómo para algunos lo más importante era que su hijo ganara la partida. Los tenía ahí enfrente, clavados, mientras jugaba contra el vástago y sus progenitores.

¿Dónde estaban los míos? Pocas veces vendrían a verme.

Lo vital es que nos dejen ser o así lo veo yo. Siempre fui lo bastante autónomo para eso, y desde los diez años que empecé a competir fuera de mi ciudad me buscaba la manera de ir a los torneos.

Eran otros tiempos. Pasábamos el tiempo en la calle y no existía la sobreprotección de hoy con los hijos.

¿Qué era lo más crucial para mi padre? Que me divirtiera. Bastante tenían con luchar por sacarnos adelante y superar sus batallas conyugales. Por eso, intuyo, me dejaron vegetar como un canalla hasta los dieciocho. Hasta entonces hacía mi parte, aprobando los cursos, aunque alguno por los pelos a punto de repetir.

¿Y para mi madre qué era lo primero? Pues que estudiara. Eso sí, tampoco me apretó nunca en esto o aquello y solo repetía que si hincaba el diente a algo, que saliera bien. Otra versión amplia del «Lo que hagas, hazlo bien». Con pasar curso bastaba para que pudiera jugar al ajedrez todo lo que quería.

Y eso para mí era el sumun. No para ellos, pero lo aceptaban.

¿Qué era lo primero para tus padres
y en qué grado pudiste decidir tu futuro?

Solo lo sabes tú. Prueba a escribirlo en un diario, cuaderno, *post-it*, etc.

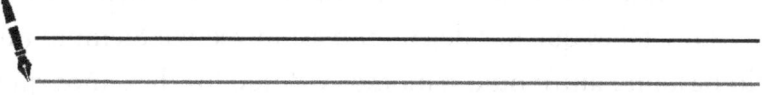

Por desgracia, lo que sí sé es que he visto mucha gente que salía de juerga por obligación, acudía a actos públicos que no le interesaban lo más mínimo y que jugaban al ajedrez por expreso deseo de sus padres, no de ellos.

Insisto: una razón de que ganara más partidas que la mayoría es que el ajedrez era mi pasión y para ellos no tanto. Lo era para sus progenitores.

¿Moraleja? La principal, que poner en primer lugar lo que tú quieres y no el deseo de otros, nos hará mejores.

Me he explicado mal si crees que hago apología para que pases de tus padres.

Cumple los tratos que tengas y más con la familia que con nadie.

Eso es hacer que lo más importante sea lo más importante, ya que padre y madre no hay más que uno. Pero mira por ti antes que por nadie si quieres ir chutado de energía e inyectarla a los demás.

Lo primero es que nos lo pasemos bien nosotros.

CLAVES

- Hay adultos que no han superado el pasado. Escribir sobre tu historia vital en un cuaderno para pensar te ayudará a reconciliarte con el ayer, ya que igual no pudiste hacer lo que querías, pero sí que puedes mejorar tu vida a partir de hoy.
- Te llamarán egoísta, pero cuidar de ti es la manera de que tengas energía para mirar por los demás. Como te dije en el capítulo «Haz», primero tú (siempre que no vayas por la vida haciendo daño a terceros ni pasando por encima de la gente), luego nadie (es una forma de hablar para que quede todavía más claro lo del primero tú), y a continuación: tus padres, tus hijos, tu marido o lo que más quieres, pero van después de ti.
- Recomiendo asistir al psiquiatra y/o al psicólogo si uno ve que es necesario tras leer este capítulo.

16.
Ayuda

¿Cuándo contribuyes más y mejor a los demás? Cuando lo decides. Hacerlo es el paso siguiente, pero el más importante siempre es el primero. Elegir que vas a echar un cable a tu hermano o a los transportistas en cuanto tengas una oportunidad.

¿Que no es tan fácil? Podemos darle mil vueltas. Que necesitas estar tú bien de ánimo para ayudar, que tu hermano o tu colega tienen que merecerlo... Todo eso es verdad.

Que tú das lo que tienes y que si por dentro estás llena de maldad, decepción y rencor es más complicado asistir a alguien. Hasta aquí vale, pero también te digo que uno ayuda cuando puede y luego lo ejecuta.

¿Tú no meterías a un familiar o a un amigo a currar contigo si tuvieras la opción y es apto para el puesto? ¿Por qué no? No sé... ¿Y si sale mal?

Pues si sale mal, hiciste lo que pudiste, y si sale bien, estupendo. Eso que ganaste. En un caso aprendiste y en otro ganó contigo el mundo.

Cuando tú y los demás estamos, será porque va bien la cosa y el negocio sigue.

Dejemos de dar vueltas a la condición humana.

Lo único que nos salva es trascender el dolor para estar bien nosotros y servir a quien podamos a la mínima oportunidad.

Por lo menos a una cada día en algo que puedas recordar con orgullo al llegar la noche; como si es recogiendo una lata de cerveza del suelo o el balón de rugby que mandas de vuelta al campo para que los peques sigan entrenando o dando las entradas que te sobran de la feria a la gente que va a la taquilla a pagar.

Eso sí, elige con un mínimo de cabeza porfa —como la gente que te llega al corazón por cómo canta en la calle y la retribuyes encantado—, que lo de ayudar sin mirar a quién lo inventamos para ir con la conciencia tranquila.

¿Por qué no ibas a echar una mano a tu familiar cuando lo vale? ¿Dónde está el problema, si lleva tus genes y es (casi) tan buena gente como tú? ¿Qué es lo que te para? ¿Qué sea conductor? ¿Eso te molesta?

¿Qué tienes en contra del taxi para que no des tajo a tu colega, cuando sabes que no es relojero, lleva el coche impoluto y es amable en el trato?

No tengo nada contra el gremio, ni es uno menos que nadie por ser taxista. Es lo que es: un trabajo sacrificado en el sentido que tienes que atenderlo. Lo cierto es que lo vi negativo y por eso no quise ser taxista. Mi hermano mayor lo fue un año y el mediano y mi padre suman la friolera de ocho décadas.

Más allá de ver en el pasado el negocio como un martirio que, por otro lado, te hace todo lo libre y realizado que tú quieras y puedas ser, no tengo más contras. Al revés, hoy exprimo a tope cada momento conversando con los taxistas de la que me llevan, dado que mi estirpe hace que tenga este digno oficio en la mente y sobre todo en el corazón. Además, siendo egoísta, aprendo mucho con lo que me cuentan.

Y en lo de ayudar a mi hermano, tuve la oportunidad, ya que un cliente mío necesitaba servicios de un taxi regularmente y lo hice encantado, pues es una persona seria, correcta y profesional y con grandes principios y valores.

Quédate con que cuando uno está agradecido
por lo que la vida le da, solo nos queda devolverlo
ayudando sin hacernos pajas mentales.

 CLAVES

· Decidir es un arte. Vivimos tomando decisiones continuamente y manteniendo conversaciones difíciles, pero eres el que elige cómo afrontarlas. Por ejemplo, igual eres disléxico como yo (tartamudeas, tienes problemas de movilidad o te cuesta escribir *mails*) y te toca hacer ajustes para mejorar tu vida.

- Ayuda cada día y tendrás algo que recordar con alegría cuando te metas en la cama. ¿Qué no tienes nada que evocar con satisfacción ni que agradecer? Perdona, pero todo el mundo tiene algo que agradecer y que recordar con júbilo. Párate y verás que no es tan así como lo ves.
- Hay mucha gente que no sabe que está mal y que no es consciente de que le está pasando algo. Por tanto, si tú crees que debes ayudar, hazlo sin pensarlo y sin que la otra persona tenga que merecerlo.

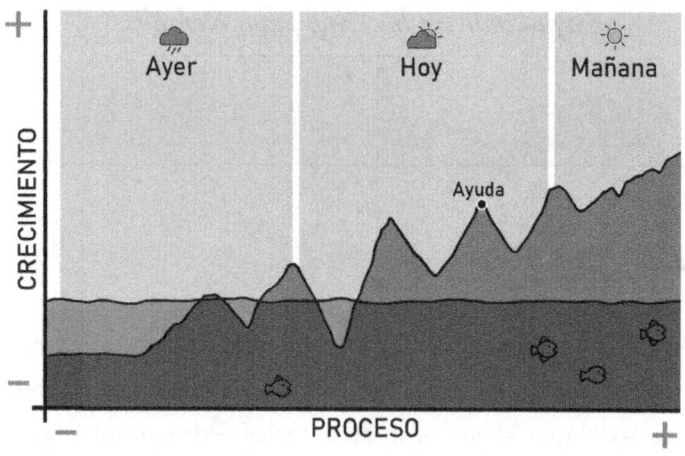

GRÁFICA DEL PROCESO DE CRECIMIENTO PERSONAL

17.
Confía

Y relájate.

Curiosamente, cuando estés más atascado, aflojar te ayudará más que ponerte tenso para salir del runruneo mental en el que estás metido. Te has bloqueado. Y esto, mata. A mí me pasa —más bien me ocurrió mucho— y todavía caigo en ocasiones. Lo bueno es que por fin aprendí a superar antes los malos ratos.

¿Cómo? Pues mirando para adelante en vez de hacia atrás.

Confiando en ti.

¿No crees que si pensáramos que dentro de uno
está todo lo que necesitamos nos iría mejor
para salir de los envites de la vida?

Ejemplos de malos ratos tenemos todos los días para parar un camión. Te acuestas muy cansado y sabes que no tienes un tema claro del que escribir cuando te levantes. ¿Qué haces cuando despiertas? Pues ponerte a escribir. Te dices de noche que mañana saldrás del bache, del famoso bloqueo del escritor y fluyes con lo que estés. El problema es que no es tan fácil.

Uno es consciente de que cuando no tiene anécdotas de las que tirar, así como una mínima explicación de la idea, está cojo. Y eso genera preocupación. ¿Y de qué te vale pensar en eso? ¿Te ayudará a redactar mejor? Al revés. Estarás más tenso y bloqueado si cabe.

¿Qué hay más duro que saber que
no has cumplido con lo que te has propuesto?
NADA

Si no cumples contigo y no te respetas, ¿cómo vamos a ir con esa magnífica sensación de sabernos capaces de solventar las situaciones enjundiosas de cada día?

No sé, es como si quieres segar con la máquina y te falta la botella de agua para llevar mejor la deshidratación del esfuerzo que estás haciendo al cortar la hierba. O mejor, que creo que se va a entender mejor el ejemplo de arar y, haciéndolo manual, y no con una máquina, pues dicen que es más duro; imagínate que vas a arar y que para remover la tierra dispones de pala, azada, rastrillo..., pero no tienes el sano botellín a tu vera, por lo que acabas exhausto.

Lo necesitas. O eso piensas.

La boca se te seca y el coco se te nubla por lo que siembras despistado y entonces las semillas que pones son de calabazas en vez de boniatos. Y, ya sabes, la mente empieza a hablarnos con insultos.

¿Resultado? Peor del que podríamos. Sin relajarnos no somos productivos. La cosecha es peor, ya que, si quieres recoger una buena cosecha, primero hay que arar la tierra; luego, sembrar las patatas, que es lo que quieres y, por último, regar de vez en cuando.

No hay atajos. Si aras mal, si riegas de más o de menos, la cosecha será mala.

Igual que si vas a una reunión a defender un proyecto y apareces rebosante de papeles para explicarlo.

¿De verdad los requieres y los vas a mirar?

Muchas veces, no.

Ya, ya, pero me hace mucho bien llevarlos. ¡Por si acaso, solo por si acaso hacen falta!

¡Que nooo! ¡Que estás tensándote tú solito! No digo que vayas a pelo sin nada. El guion da seguridad.

¿Pero ir cargado con una carpeta, que cuando te pongas a la faena —y menos con gente delante— no la vas ni a mirar? Pero si me preguntan estaré listo.

¿Y no lo estás igual? Si has hecho el indispensable trabajo previo de estudiar la reunión, el premio llegará. Si no, significa que no tocaba.

Ya sabes: la preparación es la clave del éxito.
Y todo viene originado por una
visión interna positiva de ti.
Si no confiamos, estaremos caput.

Por eso, con un guion, la cuenta. Y sin él; aunque ahora parezca una locura, también irá bien. Cierto que todo dependerá del evento y que tener tus notas y un orden del día te ayudará a no perder el hilo argumental de las ideas que plantees.

Pero eso, algo sucinto, pues ir con cientos de papeles, lejos de ayudarte, esclavizan. Es fácil decirlo y arduo de llevar a la práctica.

Si tuviéramos las tablas para decirnos «Yo puedo», pues otro gallo cantaría.

¿Cómo crees que será la calidad de las presentaciones cuando decidamos disfrutarlas y lo llevemos a efecto?

¿Mejor o peor que cuando tienes la atención en los papeles que te faltan y en el temario que no dominas? Pero, ¿quién lo sabe todo? Nadie.

Lo mismo pasa con las oposiciones.

Y si has empollado, da igual lo que te pregunten. La chuleta no nos hace falta. Además, si dependemos de copiar para resolver las encrucijadas de la vida, hemos puesto el poder en las manos equivocadas.

La falta de confianza se paga y nos hace peores.

Fallaremos más en los exámenes o entrevistas de trabajo. Además, los nervios evidencian un insuficiente entrenamiento mental, con lo que no gozamos de cada instante. Al revés.

¿Y es vida eso?

No sé, por decirte algo mucho más trivial que los exámenes, entrevistas o reuniones cruciales: piensa que sales a correr, quieres escuchar música y no puedes. Los auriculares están llenos de nudos y vas de mala leche. No da juego suficiente el cable para que puedas ponértelos. ¡Y todo por los molestos enredos!

¿Cuál es tu diálogo en esos casos en los que deseas relajarte con música y no puedes hacerlo?

¿Te amargas por eso y te dices que vaya mierda de día?

¿Fastidias una carrera al aire libre por no poder desenchufar?

Pues uno decide si cabrearse con el cable o si elige quitar el nudo despacito.

¿Por qué no lo hiciste antes de ponerte a trotar?

Claro, no lo habías visto. Diste con el embrollo de la que estabas pateando y echaste mano de los auriculares.

¿Y por qué no paras un momento de correr y quitas el nudo, en vez de hacerlo en marcha, que te van a atropellar?

Claro, claro. Queremos hacerlo todo
sin detenernos y así vamos.

CLAVES

- Disfruta de lo bueno de la vida y si te sientes identificado con estas anécdotas ¡hazlo mejor que yo!
- Revisa tus pensamientos. Sea cual sea la situación, tú decides cómo enfocarla.
- Hay múltiples maneras de relajar la mente y te animo a que pongas las tuyas en tu libreta: leer antes de dormir y recordar a la gente que te hace mejor son dos formas que pueden irte muy bien.

18.
Nivela

Aplica el ratio 8-7-9 de distribución de horas del día. Y no porque lo diga yo, sino porque los expertos ligados al ámbito del bienestar señalan que el ocio, el trabajo y el descanso, deben estar equilibrados. Como mucho, ligeramente desnivelados.

El siete, ponlo donde prefieras.

Tampoco tienes que trabajar nueve horas. Igual puedes hacerlo tres días nueve, y los otros dos, siete. Trabajarás, en ese caso, 41 horas a la semana, que tampoco es ninguna locura por mucha jornada de 37,5 horas que implanten. (Que la apoyo, qué conste).

Si te gusta a lo que te dedicas profesionalmente, tampoco medirás así el tiempo.

721 de los 1.440 minutos de cada día sí que te pido encarecidamente que los disfrutes. (Pablo Motos definió de diez esta idea en el pódcast de los chicos de *Tengo un plan*: «Yo mido la felicidad cada 24 horas, pues para mí la unidad de felicidad son 24 horas»).

240 minutos saldrán del ámbito laboral.

Con el descanso, ¡qué te voy a contar! Dormir es la gasolina de cada día y, como no recuperes, irás fundido desde que despiertes.

De ahí que seis o siete horas de buen relax se hagan indispensables.

¿En todos los casos? ¿Todos los días?

Pues ahí, con detalle, no puedo entrar. Todos conocemos casos de personas que con cinco van chutadas y otras que ni con ocho las tienes en pie. No soy experto en ritmos circadianos ni en fases REM.

Quédate solo con que...

Si no duermes lo necesario,
no «carburas» bien.

De ahí que en el ratio 8-7-9, el sueño reparador forme parte del triángulo mágico. Insisto: seis horas por lo menos. Nueve para dormir me parecen demasiadas, aunque habrá que valorar cada caso.

Recuerda lo que me decía el gerente del hotel que cito en «Taxistas» y que tanto me impactó por su amabilidad: «Mientras duermo, no vivo».

Una manera de explicarme con gracia que, si dormía, no facturaba.

Pero coge con pinzas esto. En lo que es el sueño, 241 minutos de los que duermas cada día, deben ser perfectas. Por lo menos la mitad del tiempo que reposes, hay que lograr que sea de ole, ole y ole.

Y si consigues que sean las siete (o seis, que una distribución 8-6-10 o 9-6-9 también vale) y que duermas casi del tirón, irás chutado de energía y con esa sensación de haber recuperado que hace que no bosteces en todo el día, vivirás cargado de combustible del bueno.

¿Y las ocho para el ocio entonces? A tu gusto. Reitero: que el tiempo que dediques, sea de calidad. Bien sea leyendo, sembrando, caminando, mirando al cielo, con las grandes conversaciones con nuestros ancestros en su casa, en el hospital o en el cementerio —la vida es dura, qué te voy a contar— o da igual con qué, pero que cuenten.

Mira que dedico las dos primeras horas antes de trabajar —oficialmente— a mis pasiones; ¡y vaya 120 minutos más estimulantes! Los que salen entre:

1. Escribir —o revisar lo ya escrito— y a veces leer unos minutos,
2. pensar en el día que crearé gracias a acciones disciplinadas,
3. con deporte intenso unos doce minutos sin parar,
4. con un baño rápido sumergiéndonos en agua helada,
5. un desayuno de reyes sin sentimientos de culpabilidad. (Algunos días hago ayuno intermitente y me salto el desayuno, pues me va fenomenal cuando siento que debo dejar descansar al estómago).
6. Y una conducción en coche disfrutando gracias a todo lo anterior por la sensación del deber cumplido, sin sentir (tanto) el estrés del tráfico diario.

Agradecido por poder dedicarme al alba a mejorar a todos los niveles, dado que un ritual de este tipo te da más energía para afrontar la jornada laboral.

Cuando empiezas bien, terminar igual
es más factible.

De ahí que madrugar y emplear unas horas —las que puedas, teniendo muy presente que mejor una que ninguna— a tus buenos hábitos, sea catalizador.

Mira lo que te digo: imprescindible, innegociable, necesario. Es matador para nuestra autoconfianza quedarnos atocinados en la cama y levantarnos pensando: ¡otro día igual!

Cómo va a ser distinto o lo vas a ver azul o de color de rosas, si despiertas sin ganas porque no haces nada que te llene desde que te levantas con el tiempo justo.

Que sí, que miremos por la familia. (Es lo primero).

Pero desayunas rápido, sin disfrutarlo siquiera y coges el coche raudo para llegar puntual a la oficina. Son dos formas muy distintas de afrontar el día.

La de empezarlo siguiendo tu misión diaria personal, madrugando porque te llena vivir una vida con sentido y la otra es la de ir sin rumbo como un corcho por el mar, sin saber qué demonios harás desde que te levantes.

Si no lo sabes tú, ¿quién creará un día por ti que merezca la alegría?

Lo sabes bien, solo que te engañas.
Nadie lo creará por ti.

Tú decides a qué dedicas tus ocho, siete,
y nueve horas. Al trabajo, dormir o hobbies.

Claro que habrá días para todo. Pero en las 168 horas semanales tendremos que dedicar tiempo a las tres parcelas para disfrutar un mínimo de 85 horas.

Fíjate que siempre te hablo de gozar como mínimo la mitad más uno —211 de 420, 85 de 168, 721 de 1.440...—, sea cual sea el tiempo o la disciplina que computemos.

Cierto que trabajas cinco días. Pero los otros dos podemos dedicar unas horas a trabajar fuera de la oficina.

Logrando que esa mentalidad de currante esté en ti y que no lo veas como tal.

Es toda una filosofía que dediquemos unas horas el sábado y domingo a la tarea —la que sea que te motive—, con la que sueñas ayudar al mundo con tus mejores talentos puestos en acción.

No es fácil máxime cuando te desilusionas con el empleador, que ves en parte o en todo como negrero, con el superior que es más jefe que líder o con los compañeros que no aguantas.

Si es así, ¿pido la cuenta? Insisto, que compensen los minutos de tu trabajo; que así el sábado y domingo no te costará tanto y será llevadero pensar en trabajo.

Es normal que digan que el viernes es un día más feliz que los domingos, con el mal rollo que arrastramos las personas solo de pensar en volver a la oficina, fábrica, o taller. Si es el caso, que en algún momento lo será, haz por cambiarlo. O diriges tu vida, u otros dirigen tu vida, y estás trabajando para hacer realidad los sueños de otro y no los tuyos.

Somos responsables incondicionales en voltear la situación: o marchamos, o nos quedamos con todas las consecuencias.

Y con ganas. Así, el fin de semana reflexionamos con tino en cómo mejorar nuestra semana laboral. No digo que lo hagamos sentados en casa en la mesa del escritorio. Sino... paseando por la playa, jugando con tu cachorro, o abrazando unos árboles. Disfrutando del ocio, cuando uno es consciente de que se esfuerza diariamente por ganárselo.

Si conseguimos integrar todo esto en un proyecto de vida brutal, nos irá mejor. Y no es solo porque haya experimentado en mi devenir frustraciones que yo mismo generaba por no dedicar a los hobbies el tiempo suficiente, por vivir por y para trabajar —lo que me hacía ir estresado todo el día—, o no dormir bien ni disfrutar nada del presente.

Lo relevante aquí es que los que saben, como Sonja Lyubomirsky —la autora de esta idea del 8-7-9—, nos dicen... que equilibremos, que conciliemos o que integremos sueño, trabajo y *hobbies* en un propósito que nos mantenga muy vivos desde que nos levantemos hasta que nos acostemos.

Que nos guíe, como si fuera una brújula —que sigamos sí o sí—, para que 721 minutos de cada día valgan mucho la alegría. (Prueba a escribirlo en tu libreta).

_____

_____

¿No ves que no distingo demasiado la vida personal y profesional, el sueño de entre semana y el de *finde*, así como los ratos de ocio o de trabajo? Pues lo hago porque si realmente llevamos a cabo el ratio 8-7-9, estaremos más plenos, llenos de energía, y satisfechos, que si no lo aplicamos.

CLAVES

- Te ruego que hagas cosas que te vayan bien para trabajar la autoconfianza. Por tanto, ten muy presente lo que proponen los expertos que es seguir esta cadena de pensamientos buenos nos traen emociones buenas, conductas buenas y buenos frutos. (Pensamientos → Emociones → Conductas → Frutos). Procura seguir ese orden, ya que la emoción sin pasarla por la cabeza suele traer más malo que bueno. Y prueba algo que a mí me funciona muy bien, por si también te sirve: haz por generar pensamientos positivos cuando no los tengas, ya que tus acciones cambian tus pensamientos (Con-ductas → Pensamientos → Emociones → Frutos).

- ¿Qué te parece hacer a primera hora las cosas que mejor te resultan? Cierto que madrugar no es para todo el mundo, pero, ¿qué pierdes por probarlo?
- El tiempo es lo más importante que tenemos. Vuelve atrás, coge una hoja y reflexiona con honestidad si lo distribuyes como te gustaría por lo menos 721 minutos de cada día, y si no es así busca otra manera de repartir tu tiempo.

19.
Transmitiendo

¿Vives como piensas? Pues enhorabuena. Es fácil de decir, pero muy difícil de ejercer. Por qué será que cuándo somos nosotros mismos nos va mejor.

¿Cómo es eso de sé tú mismo y te irá bien cuando lo que tienes dentro es malo?

¿No ves que no puedes dar lo que no tienes?

Si en tus entrañas ves miseria, ¿qué generas alrededor? Pobreza. Y no solo materialmente, te hablo de todo.

Vivir como piensas es maravilloso cuando
eres consciente de que con tu manera de ir
por la vida estás ayudando a muchas más personas
de las que estás jorobando.

Porque siempre molestas a alguien.

¿Tú crees que todo el mundo quiere tu bien? ¿No ves que no?

Pero secundo la idea de vivir conforme a los buenos valores, a nuestra forma correcta de ver las cosas. ¿Y sabes por qué? Porque todo hijo de vecino logra más éxito así. Hasta Fernando Torres (ya citado en el capítulo «Fe») decía que la humildad le hizo ser grande en el fútbol —también el respeto y la perseverancia—, y la falta de estas le llevó al precipicio.

Recuerda que el que nos quiere lo hace por cómo somos, no por nuestro trabajo ni el nivel de inglés. Que nos vean con coherencia y honestidad, predicando con el ejemplo, es lo más grande. ¿Quieres que te diga por qué obrar como piensas te hace mejor?

Pues porque uno elige:

1. Si construye o destruye.
2. Si ama o envidia.
3. Si ayuda o se aprovecha.

¿No te parece una diferencia determinante?

Uno es consciente del sentido con el que hace las cosas. Por eso te ruego que vayas por la vida con una versión de hacer el bien, porque es la que más se aprecia. O así debería ser.

Las personas que admiramos transmiten lo que Xilef: ponen sus pies descalzos en el prado, quieren ser un pelín mejor que el día anterior —o al menos mantener igual que estaba a su endeble corazón— y no buscan joder a los demás.

Con eso es más que suficiente.

Te parezca o no una ética valiosa, lo cierto es que el seleccionador en el puesto al que aspiras, tu familia o la chica que te gusta, valorará o detestará de ti —en algunos casos será lo que más aprecie o moleste— que operes como has dicho.

Como plasmó Bruce Lee en un libro con sus *Pensamientos extraordinarios: Sabiduría para la vida diaria*:

«*Habla menos y haz más*».

La vida nos va conforme a lo que transmitimos en los actos cotidianos.

 CLAVES

- La autenticidad es fantástica si transmitimos cosas buenas, pero no sirve si estás mal, ya que comunicamos cosas malas. Si quieres un consejo más práctico, haz por estar bien y así no fastidiarás a los demás lo cual ya es más que suficiente.
- Que nos vean con coherencia y honestidad, predicando con el ejemplo, es lo más grande.
- También a mí me parece injusta la vida por momentos. Pero también te digo que la sabiduría de ese joyero y camarero hoy jubilado llamado Xilef está susurrándome aquí y ahora con su voz cálida y a la vez firme: «Adolfo, no es casualidad, es causalidad».

20.
Cenizos

Tú eliges lo que haces con tu coco y si lo pones en modo cenizo, mediocre o genio. ¿Cómo son tus minutos del día? ¿Prima el comportamiento de cenizo, de mediocre o de *crack*? Revisa el ayer enterito.

¿El desayuno fue bien? ¿Y el trayecto hasta el trabajo o el colegio de los críos? Y antes de nada: ¿qué tal dormiste?

¿Regular? Pues esas siete horas de ni fu ni fa, las metes en los mediocres. 420 minutos tienes ahí. ¿Me pillas la idea?

Este ejercicio es brutal si cumplimos la premisa básica: no mentirnos. Para el que quiera salir del valle de las excusas, concepto genial del escritor y orador motivacional Brian Tracy, esto que propongo es mano de santo.

Un autochequeo sin sentirnos juzgados
por el mundo.

¿Qué hiciste ayer de tarde? ¿Domaste el coco o te llevó por la calle de la amargura? Y no vale echar la culpa a la casera que marea con el alquiler, a los políticos que incumplen los plazos del AVE o a las comisiones de los bancos en la tarjeta de crédito. Y mira que comparto que son unos impresentables.

Te cuento una experiencia para explicarme mejor.

El otro día me acerqué a la playa donde pereció mi padre y a la que acudo como siempre desde que murió. Ya sabes que, ante el dolor, la mejor estrategia para superarlo y cargarte el sufrimiento es afrontarlo. ¿Por qué iba a dejar de ir a la majestuosa playa que tenemos los de Avilés en Salinas a menos de 5 km de casa?

Yo sigo yendo a veces llorando mientras corro, pero la mayoría de las veces, feliz. Le digo: «Papá, estoy bien. Me parezco a ti más de lo que creía».

Mira cómo procuro cuidar el físico; y de cabeza estoy mejor que nunca. Cumplo (muchas veces) lo que predico. No suelo fallar con los hábitos positivos. Y luego, como en los malos sueños, de la que pisaba la arena, percibí que el coco me dominaba.

Pero... ¿cómo se motiva uno cuando no logra
lo que se propone y lo ve todo negro?

«¡Mira cómo te pagaron el esfuerzo y el ahorro económico de años!». Cuando reparé en la basura que pasaba por mi mente, igual llevaba diez minutos rumiando. (Con la mente dominándome).

Tu mente hace algo parecido. Nos grita sí cumplimos o no, sí podemos o no, si gustamos o no. Anima o insulta y es un continuo.

Como dejemos suelta a la cabeza pensando en cosas malas, un día de sol propicio para disfrutarlo tumbado, paseando, corriendo o un poco de todo y al gusto de cada una, se puede convertir en un infierno. (Léete la inconmensurable obra de Albert Camus *La caída* y me entenderás a la perfección).

Pero la cabeza es así. Busca y encuentra donde más nos duele. En las heridas, que (casi) nunca están sanadas del todo y que a veces requieren ayuda médica.

La única manera de tener el coco a raya es decidir diariamente que haya más minutos de *crack* que de cenizo. Que elijamos que cada instante merezca la alegría.

Cuando fui consciente de la locura me dije: «¡Chaval, no lo permitas de nuevo! Eres un privilegiado».

Cuando la mente te zarandee, demuéstrale que se equivoca buscando en ti alguien al que maltratar y que contigo solo encontrará minutos de *crack*.

CLAVES

- El enemigo está más dentro de ti —en tu mente— que fuera —en tus jefes, en los políticos o en tu pareja—, por lo que cumple lo que predicas. Jim Rohn nos diría: «Acciona hasta ser lo mejor que puedas, créeme, si lo haces, te verás como "suficientemente bueno" y lograrás acallar a tu mente cuando te diga que "no eres suficiente"».

- El pasado nos «machaca» a todos. La manera que los sabios han encontrado de «aceptarlo» es ocuparse lo más posible en tareas que les motiven y ver si eres capaz de mejorar en eso que te propones.

- ¿Cómo son tus 1.440 minutos del día? Si priman los de cenizo en la balanza sigue leyendo, pues alguna de las pautas que te dé —hacer listas y revisiones mentales, hablar con la persona fallecida...— te servirán.

21.
50 %

¿Cuánto de lo importante para ti haces cada día? ¿La mitad? ¿Y te parece mucho?

Pues igual sí que lo es. Uno no se engaña cuando llega a casa y revisa su vida. Quieras o no mirarte en las entrañas, eso pasa cuando cierras la puerta y te metes para dentro.

¿Qué estoy haciendo con mi existencia?
¿Estoy viviendo de la forma que me gusta?

Eres tú. Con tu prole de dos, tres o cuatro miembros —raro en estos tiempos que haya familia numerosa en casa— o de uno si vives en soledad.

En cualquier caso, estamos solos para estas preguntas.

¿Te ves bien? Normal que te retuerzas. A ver si crees que eres el único y que cuando escribo no me muevo ni pienso a la vez que le doy a la goma y al lápiz para discernir si contarte esto o lo otro.

¿Cumplo con los demás y conmigo o no lo hago? Como el porcentaje sea bajo, difícilmente al entrar en casa estaremos bien. Ahora entiendes mejor a Alejandro Sanz cuando entonaba eso de «puedo ser o no ser» con su célebre canción «Cuando nadie me ve».

En nuestra morada, somos. Y bien: ¿quién eres? ¿Con qué cara vas a trabajar?

Mejor ir con un gesto agradable y un semblante que guste, que con el rostro de cenizo que llevamos a veces.

¿Cómo es la relación con tu gente más cercana? Porque eso sí que es lo más importante.

¿Que está todo hablado ya? Por la respuesta, miras más para otro lado de lo que afrontas la realidad con coraje.

¿Que te falta la media naranja? Pues sal a buscarla. En tu casa no van a entrar llamando a la puerta.

Otro que cree que el amor y el trabajo llegarán llamándote al timbre.

Eso último también ocurre, pero tendrás que mover el culo para hablar con la empresaria y caerle en gracia a su esposo para que ella quiera recibirte y quizá si lo vales y lo demuestras en la entrevista, contratarte.

Somos los responsables de crear el día y el trabajo soñado, pues nadie lo hará por nosotros.

¿Está la vida amorosa, monetaria y de salud en regla?

¿Y cómo es entonces que cumples un 50 % con lo que para ti es importante y no un 80 % o un 90 %? (Prueba a escribirlo en tu cuaderno).

¿Qué eso es mucho? ¿Qué me exijo demasiado, que lo quiero todo y que no es posible? Ahí te quiero llevar.

Con esa mente nos limitamos.

Revisa el subconsciente tal y como nos propone el Dr. Joseph Murphy en *El poder de tu mente subconsciente*.

Tanto nosotros, como aquel de enfrente nos decimos que no nos merecemos o que no podemos más. (Nos insultamos y victimizamos con que no valemos, llamándonos inútiles a la mínima).

Por eso cumplimos un 50 % y no más con lo que consideramos lo más importante, pues siempre podemos mejorar en lo que hacemos y gustar más de lo que gustamos.

Si no amas tu vida, cámbiala y ponte ya a hacer lo que retrasas y cumple en lo que puedas contigo y con tu gente. Y si te complace tu vida, ¡disfrútala!

CLAVES

- Responde las preguntas de este capítulo y vuelve a hacerlo un mes después para que midas si has progresado. Busca maneras objetivas que te ayuden a hacer el recuento como poner por escrito tus sentimientos, revisar si te vas a la cama llorando o te dices «vamos bien», anotar si diste o no un paseo, hacerte consciente de que vivir en Ruanda o en un campo de concentración es peor que tu realidad, etc.

- Obvia por favor la parte peyorativa de la palabra «cenizo» y te ruego que te quedes con la idea que subyace de que todos podemos mejorar nuestra vida.

- Sé atrevido. Afrontar las conversaciones difíciles nos acerca a lo que deseamos y aunque no nos guste lo que veamos y no lleguemos a donde queremos, el arrojo hace la vida más divertida y no te dejará esa fatídica sensación de arrepentimiento de «qué hubiera pasado si...».

22.
Agradeciendo

¿Cuánto estás de complacido? ¿Ya lo tienes? Sé honesto, que nos mentimos mucho. Vamos de generosos y somos unos egoístas.

¿Qué eres un nueve de agradecida? En mi caso, me daría un seis. Hay jornadas que lo soy y otras que nada de nada. No soy de días de seis, sino de nueves y de tres.

¿Qué hacer para lograr ser más agradecidos o,
lo que es tan importante, no dejar de serlo?

En mi caso, sigo un diario.

Cualquier cosa relevante la guardo y luego, al final de la jornada, analizo lo que ha pasado —es lo genial de escribirlo, que nunca se olvidará— y de ellas extraigo tres ideas por las que dar las gracias. Todas plasmadas en un diario de gratitud que sigo desde hace más de 2.000 días, por lo que ya contiene más de 6.000 muestras de lo virtuoso durante los últimos seis años.

También se encuentra lo bueno hasta en una pandemia, si nos esforzamos en verlo. Ejemplo de ello es el de un directivo al que dieron el alta tras once meses de baja durante el covid-19 (a quién le debo tener unos neumáticos reciclados a la vista), que lo primero que hizo al cruzarse conmigo en la oficina fue mirarme como cuando quieres a alguien. Con el cariño de quien sabe que le ha ayudado. Lo tenía delante en el pasillo y me suelta un: «¡Qué bien quedan esas piezas de ajedrez ahí en el despacho!». «Pues mira, son unos neumáticos reciclados que me trajeron. Debe haber gente por ahí que me quiere».

Con la ironía y la gracia de dos personas agradecidas: Uno por ayudarle a pasar mejor su duelo y recuperar la visión a un porcentaje elevado; y otro por el hecho de que para él ese alfil, reina y caballo negros a los que mira cada vez que está jodido, simbolizan mucho.

El peón ya no lo tengo, que en agradecimiento a Kaspárov por su ayuda cambiándome la mentalidad, tiene esa pieza encima de la nevera de la cocina de su casa, y para más inri le puso un sombrero encima.

Nos reímos un rato con las piezas de ajedrez a la vista, que mirábamos embelesados como diciendo: «Estas piezas nos han unido mucho en meses».

Y si no hubiera ocurrido nada de esto que te narro, yo te pregunto: ¿tú piensas que uno movería Roma con Santiago porque costearan el problema médico de Odnanref?

Puede que sí, pero siendo honestos, con tanto ímpetu, no lo creo.

¿Cuándo somos más agradecidos?

Lo somos más cuando estamos con el ánimo a tope, ya que vemos al de enfrente con más cariño.

Y uno es más ingrato cuando está descontento y ve la vida como una odisea llena de gente que solo quiere chuparte la sangre.

El mundo es duro y tenemos que crear y mantener lo bueno con ahínco.

También en los días malos hay que hacer por anotar lo positivo, aunque cueste; en los que rebuscas para extraer lo positivo de lo negativo.

¿Tres cosas buenas en una lista con lo fantástico que te pasa cada día?

Qué me dices: ¿Cómo te ves de gratificado entonces? (Coge tu libreta y apunta).

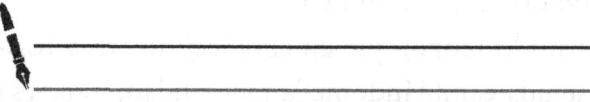

Prueba con la lista y hazla cada semana, si a diario te parece muy mecánico y tedioso.

Recordarás a los que quieres y conectarás más con los que te aprecian a ti. Normal que digan que dar es tan agradecido como recibir.

CLAVES

- Para que veas lo merluzo que he sido y en parte sigo siendo: soy alguien normal que lo pasó mal porque se volvió envidioso, quejica, codicioso... y que decidió mejorar haciendo más (claro que es positivo el equilibrio entre reflexión y acción, pero ante la duda, haz), aplicando la máxima del filósofo griego Diógenes de Sinope de que «el movimiento se demuestra andando» ya que de nada sirven las cosas sin acción.

- Valora cómo te ves de agradecido en una hoja y si no te gusta el resultado ponle remedio con palabras y hechos: escribiendo en un folio a las personas de tu entorno que vas a ayudar (tener esta lista presente y actuar sobre ella con acciones concretas que evidencien interés real por los demás nos hace mejores personas), con un *post-it* motivador en el espejo, con un apretón de manos, un discurso donde dejes claro que tú has podido hacer eso porque Spassky te lo ha permitido, con un buen abrazo, etc.

- Las reflexiones sobre los peones están muy presentes en esta obra para recordarme que cuando estaba hundido me encontré un enorme peón negro con el precioso significado de que le importaba a alguien.

23.
Instantes

La felicidad es estar en paz de la que caminas. También llevar quinientos y pico meses vivo y querer que los restantes sean mejores que los pasados, y a ser posible otros cuarenta años como mínimo.

La dicha es saber que hace quince años volví a nacer tras una noche loca y aciaga de carnavales, y que desde entonces miro las cicatrices del rostro con la responsabilidad de que no se repita jamás el llegar al hospital por una imprudencia. Porque las borracheras sin control hacen que pierdas la memoria aunque, pasara lo que pasara, puedo vivir para contar que soy mejor de lo que era.

La vida te pondrá en jaque dejándote piedras y obstáculos en el camino. En nuestra mano está aprender a sortearlos como hace el río, que discurre y se encuentra con tropiezos y adapta su ruta arribando a donde tiene que llegar.

La felicidad son las pequeñas cosas, querido amigo:

1. El abrazo de tu gente,
2. el pescado al horno quemado porque se le fue la mano a mamá,
3. tu compañía.

Cosas como estas, con la mente jugando en nuestro equipo y no luchando contra nosotros en el de enfrente, son para mí la ventura.

Gracias de corazón. Sí, a ti. Por ayudarme a lograrlo, pues me haces muy feliz por tener este libro contigo. Eres de mi familia.

Así que ya sabes, lucha por mantener las ganas y gobierna esa frenética mente para que podamos seguir retroalimentándonos el uno al otro, como unos exultantes locos cuerdos.

Además de agradecer que hagamos cosas que nos ilusionen, tengamos presente que no hay ventura que dure sin el compromiso cien por cien de uno mismo para ser cada día un poco mejor que el anterior. Con la coherencia que emana del citado compromiso seremos más dichosos que con los logros materiales o con cosas externas.

Nosotros decidimos en cada momento lo afortunados que somos.

---

*La auténtica felicidad pasa por ese estado
de emuná, con profunda calma, serenidad
y paz interior, en el que eres consciente
de que eres el mejor que puedes hoy y de que está
en nuestra mano lograr eso que soñamos.*

¿Qué sueñas tú? Yo sueño con que este libro ayude al mayor número de personas posibles, ¿tú con qué sueñas?

Gracias por hacerme disfrutar de este instante de felicidad. Te quiero mucho amigo lector.

 CLAVES

- Alejar el alcohol de la vista y de la boca y ocuparme en algo que me llene como un buen escultor esculpe la piedra, es la mejor manera que he encontrado puliendo con todo el cariño del mundo esta obra, para decirte que todos podemos mandar «al carajo» los pensamientos victimistas o, si aparecen, apartarlos rápido de la mente y meter en ella cosas buenas.

- Llorar es sano para soltar y a veces también para agradecer. Precisamente plañir de gratitud a la vida y a mi gente es lo que hago con este texto en el que pretendo recordar lo simple que es y lo necesario que nos resulta decir siempre «gracias», y responder «de nada» cuando nos dan las gracias.

- Lo más importante para estar bien es notar por dentro de ti que creces y progresas y no tanto lo que logras. Gracias de corazón porque siento que me ayudarás desde hoy a divulgar este mensaje.

24.
1.440

Todo está en la mente de cada uno. Nos decimos que madrugar no funciona. Siempre hay una excusa que nos va bien para no esforzarnos. Quiero ir a la piscina que me da vida. ¿Y es malo? No. Al revés. A la mayoría le sienta de cine pegarse unos largos. Y a los pocos que no, es que no lo han probado lo suficiente para valorar más los beneficios en su espalda, la gestión del estrés y todo lo que tenga que ver con el cuerpo, mente y emociones que el frío que pasan en los vestuarios o al entrar y salir del agua.

Sin embargo, dejar de madrugar nos va mal. Es sinónimo de no esmerarnos. ¿Te parezco taxativo? Más dura es la realidad. Esa sí que no falla. Dime cuánta gente que le vaya bien no se hartó a madrugar en su día. Igual ahora no tanto, pero que le pregunten a Amancio Ortega si trabajó durísimo en sus inicios en el textil como asalariado. A ver si crees que Zara e Inditex llegaron de la nada, de levantarse a las ocho y pico de la mañana todos los días.

¿Qué haces con los 1.440 minutos restantes de tu jornada? (anótalo en tu libreta). ¿600 se te van en trabajar? Pues ya son, aunque claro, a las ocho horas de curro se te van otras dos en el desplazamiento al ir y al volver. ¿O te pierdes por el camino para no llegar a casa? Uy, uy, uy, que eso es muy español y te diría que mundano.

Quizá por eso no conciliamos lo bien que podríamos trabajo y familia. Integrar más que conciliar, que sabes que es un pack indivisible y, cuanto mejor lo llevemos todo, como si fuera uno, más bienestar.

Te ruego que seas tú en cualquier lugar y momento, adaptado al contexto. De una pieza. De ahí lo de que esté todo fusionado.

Contesta, contesta, no te escapes. ¿Te vas al hogar tras salir del tajo o pasas la tarde en el bar?

Cada uno vive como mejor sabe.

No como mejor puede.

Que romper con lo que sea es decisión de uno. Para mirar la hora en la oficina como un amargado cada dos minutos viendo que no pasa el tiempo, o llorar y desquiciarte cuando vuelves al dulce hogar, como que ya estamos en el 2026 para vivir afligido.

Reflexiona en esas diez horas que se te van trabajando, pues 600 minutos son muchos minutos. Ya solo quedan 840 para lo que gustes.

Si son para tus hijos, pues estupendo, salvo por la cara que me pones. ¿Que dan más disgustos que alegrías? Cambia el enfoque. Más vale un día maravilloso de quien te quiere, que doscientos con quien le da igual que te atropellen o, si le dejas, te empuja a la vía.

Por cierto, esto sirve para las personas con quienes compartimos la vida. ¿Cuánta gente cambiaría miles de minutos grises y mustios por una jornada estupenda con su pareja? Demasiada.

Y si como dices empleas más de diez horas diarias con la familia: hijos, esposa, mayores... *chapeau*! Dicho esto, mucho me parece. Dedicando unas siete horas a dormir, te quedan menos de cuatrocientos. Si es así, pues nada que decir, aunque ya me dirás el tiempo que dedicas a tus amigos, y, sobre todo, a trabajar. Que yo le puse diez horas y a ti se te ha olvidado.

No obstante, si uno se lo puede permitir, mejor invertido el tiempo que en tu proyecto de vida con mayúsculas —la familia que creas— no se me ocurre.

Parándonos a pensar lo que hacemos con los 1.440 minutos del día podremos revisar los patrones. El tiempo que dedicamos a las personas que queremos, a los *hobbies*, a nuestras cosas.

Y al oficio, si es que quieres tener algún beneficio y no vivir del aire. Aunque, insisto, si te puedes permitir carburar con las rentas e invertirlas dando réditos, pues ole, ole y ole. ¿Ironía? Pues sí. Vivir de rentas no tiene ningún valor para ti ni para los demás.

Nada mejor que reflexionar con frialdad y honestidad sobre si vamos por la vida como pretendemos ir de verdad, para que luego podamos ponerle pasión a la existencia.

Muchas personas repiten lo mismo una y otra vez, mientras la mente les da patadas en la cabeza que les tiran a la lona sin que se recuperen.

No se levantan nunca del todo, pues caen al instante noqueados de nuevo. Todo por la falta de un proyecto real en la vida que les haga vibrar desde primera hora y les mantenga ocupados en algo que sirva y que ayude a alguien más que a uno mismo.

Ahí está el quid. Sí, sé lo que digo porque lo sufrí en demasía. A mí, con que te pares a pensar, ya me llena. Luego, cada uno elige lo que hace con su tiempo.

Si disfrutas o no de tus hijos. Si no lo haces tanto como quieres, corrígelo. Si detestas o amas tu trabajo.

Te repito que, si miras mucho la hora en él, falla todo lo demás. El tiempo trabajando se nos tiene que ir de las manos, pero no tanto que lleguemos tarde a las citas.

Este es el reto. Dedicar más tiempo a aquello
que de verdad nos llene y donde aportemos
el mayor valor a los demás.

Enfocándola lo mejor posible, que en eso estamos todos. Se nos va la vida pensando tonterías de que mañana seré más feliz si hago esto, si tengo lo otro y uno se olvida de lo que era y lo que quería ser.

1.440

Aspiraciones idiotas de más sueldo, cargos de responsabilidad y de aplausos por el trabajo bien hecho. Y no veía que en todo eso no hay felicidad duradera, cuando te levantas por la mañana, vacío y sin energía.

Dedicaba los 1.440 minutos a buscar el aplauso, el cargo y la remuneración, cuando no necesitaba el aplauso, el cargo ni más remuneración. Lo tenía «todo» y no lo veía.

Para que no te ocurra lo mismo, mirar hacia dentro es la única manera. Volver a lo que eras de niño.

El luchador que no para de abrirse paso en el sendero y no se come el coco. El rey y la reina que tenían la mente centrada en disfrutar la partida de ajedrez, que no se iban al pasado (que ya pasó) ni al futuro que no han creado.

Aprovechando al máximo el tiempo
de que disponemos, sin exigirle a la vida
lo que no nos puede dar.

¿Por qué le pedí lo que no procedía, en vez de esforzarme por entregarle más y mejor sin pedirle nada a cambio? Pues porque en ese error caemos la mayoría. En querer la Luna, en vez de anclar la mente en aportar más valor.

De ahí que la vida nos retribuya con eso de «ante el vicio de pedir, está la virtud de no dar».

Repara en lo que haces cada día con tus 1.440 minutos, a ver si te esfuerzas para que te lleven hacia donde siempre has querido ir.

CLAVES

- ¿Te comportas con cariño y decoro hacia ti? Sigue así. ¿No lo haces? Ponle remedio desde hoy con las herramientas prácticas que te sirvan entre las que te doy (nadar, bicicleta, sexo, jugar al ajedrez, en fin, dedicar tiempo a lo que te gusta...) ya que, si estás comprometido contigo, lo estarás con los demás, con el mundo, con la sociedad, con tu tiempo.
- ¿Quieres tener la cabeza bien? Pues para ello a veces necesitamos parar para saber dónde estamos, qué necesitamos y dónde queremos ir. Reflexiona sobre las preguntas y vuelve a pensar y escribir por si puedes mejorar algo en cómo distribuyes los minutos de tu día. Si lo haces, será más fácil que te sientas orgullosa cuando te pares a pensar sobre cómo fue tu semana o tu año.
- Prioriza trabajar en ti antes que en nada o en nadie. Es la mejor forma de que mantengas tu energía y afrontes con garantías la adversidad. Disculpa que me repita, pero es que, aunque suena mal, es imprescindible que te lo apliques: «Primero tú, luego nadie, a continuación los demás».

25.
Integración

Me gusta que el trabajo esté fusionado con la vida personal ¿cómo lo ves tú? En mi caso, hasta hace unos años, el foco de mi existir tenía las miras solo en un punto: vivía por y para trabajar. «Erre que erre» andaban los amigos de siempre, la pareja y, en menor medida, mi madre. Y ahí te quiero llevar.

¿Dónde está el punto justo de ambición en lo laboral para no pasarnos de revoluciones? Te lo pregunto porque yo buscaba el freno y no lo veía.

¿Que tú equilibras muy bien el trabajo y lo familiar? Ole tú. ¿Y por qué entonces vives deseando que llegue el fin de semana?

¿Eso es otra cosa? No, no. Es la misma cosa.

No entiendo por qué te cambia el estado de ánimo de trabajar a estar de vacaciones. Si te apasionara tu vida profesional y todo lo que esta conlleva a nivel de relaciones, no estarías mejor de vacas que currando. Disfrutarías igual.

Te lo digo porque estoy convencido que todas las personas debemos aspirar y luchar por lograr:

1. Desenchufar más y conectarnos cuando toca. La desconexión digital y todo eso que se imputa a las empresas es responsabilidad de uno el saber marcar los límites, al igual que lo es el elegir formar parte de organizaciones que respeten nuestros derechos.
2. Practicar actividades como la lectura o la escritura, ya que ambas enlazan genial el mundo laboral y el personal.
3. Vivir con propósito cada día, siguiendo una misión o una motivación, llámalo una razón si te gusta más. La mía es esta de escribirte y me hace sufrir mucho, pero todavía un pelín más me hace disfrutar. Compensa.

Por eso no diferencio asueto de la faena, ni la semana del fin de semana. No distingo si estoy con familia o amigos de toda la vida a en la oficina. Bueno sí, un poco sí, pero entiéndeme, no distingo demasiado. Me adapto al contexto, pero la sensación es la misma.

No siento que esté trabajando y es más bien estar de vacaciones perpetuas.

O al revés, sabes que vives porque tienes una misión que desarrollar en este mundo y moras ejecutándola en cuerpo y alma. Para ti no es trabajo. Estás haciendo eso a lo que has venido y desde primera hora de la mañana te pones a ello sin dilación.

*Si conseguimos que trabajo y vida personal
nos agraden, quizá encontraremos nuestra misión
en la vida, aunque haya momentos de desequilibrio
y no pase nada.*

También te recuerdo que somos de una pieza, la persona y el profesional; por lo que no podemos separar el vivir y el trabajar, sino solo aspirar a una sana integración.

 CLAVES

- ¿Que tú no puedes escoger tu trabajo y que el tuyo es una mierda? Párate y date cuenta de lo que acabas de decir. Eres tú quien le confiere la dignidad a tu trabajo. Respecto a no poder elegir, es cierto que las personas viven presionadas por lo social y familiar y que muchas se sienten atrapadas en un trabajo que no les gusta, pero claro que es posible unir la vertiente personal y laboral. Sigue leyendo y lo verás...

- Las creencias que hayas heredado y las que te metiste en el coco (in)conscientemente, influyen mucho en cómo vemos la vida: escuchar a mi madre «primero la salud y el trabajo, luego lo demás» o «no puedes hacer amigos en el trabajo, al trabajo se va a trabajar», me han marcado profundamente. Pero uno puede modular algo sus comportamientos hasta el punto de pensar como lo hago hoy: «gracias al trabajo apareció Kaspárov, que fue fundamental en que empezara a escribir y que me hizo creer que podía ayudar a los demás ordenando estas líneas» o que «el trabajo es muy importante, pero no lo es todo».

· Somos más listones de madera que juncos o palmeras y por tanto nuestro margen de variación y de doblarnos es más bien pequeño. Pero es posible y, aunque parezca contradictorio, se puede cambiar a entusiasta (útil por favor, sin pasarse) decidiendo valorar más lo bueno que lo malo y persistiendo, con y sin ganas, pero haciendo, ya que a base de luchar llegará un momento en que mejorarás un pelín como piensas y la suma de esos aparentemente pequeños e insignificantes cambios, acabarán provocando mejoras exponenciales en tu manera de ser, de hacer y en cómo te vean los demás. (Lo que te permitirá hacer muchas más cosas útiles en la vida).

26.
Bogavantes

Hay personas que contratarías inmediatamente. Esto es más real que en las películas y rompe con la visión hipócrita que damos en ocasiones de que un proceso de selección debe ser lento y cuidado.

Pero si sabes lo que necesitas, de la que toques el petróleo al perforar en el pozo de las entrevistas, verás quién vale y quién no. Lo sabrás «ipso facto». Es bogavante.

Sin desmerecer al resto de candidatos, los centollos, las gambas, almejas y todo el elenco de crustáceos, has dado con lo más de lo más en el mundo del mar.

¿Que quién soy yo para comparar tan alegremente y decir eso de que tú vales y tú no? Quieto un momento, pues nadie dice que el resto no sirvan.

No te voy a dar la lata con leyes universales que lo secunden. Solo quédate con que las fotos no fallan y los espejos tampoco. Si estás guapa, estás guapa. Y si estás feo, pues estás feo.

Tú eliges.

¿Cómo te ves de guapa y de válida? Pues lo tendrás más fácil, que si no. ¿Que no sabes qué decirme?

Pues el de enfrente lo notará. En segundos, sin que hables. Estamos rodeados de personas que aparentan una seguridad que no tienen.

Mira sino el escaparate de las redes sociales. Que dicen que creen en ellas y solo es un deseo.

¿Cómo pensamos así generar una sensación de ole, ole y ole?

¿Tú piensas que porque subas unos vídeos y proclames que eres presidente de un club que no conoce ni el que lo fundó, por muy a nivel mundial que diga funcionar la asociación, te va a servir para que te contraten?

Te falta la base.

Tú decides si eres de las langostas que lideran y campan a sus anchas, o de las que deambulan acomplejadas porque no encuentran un rincón donde esconderse.

Nunca tendremos las fuertes patas del bogavante ni pinzas para que nos veamos poderosos dentro del acuario. O sí, igual sí las posees. Las personas pagamos más por un bogavante y una langosta que por un centollo o una ñocla, por algo.

No es por ciencia infusa ni es aleatorio. Contrataríamos a esa persona sí y a esta no por lo mismo. Y no necesitamos estar horas mirando la pecera para seleccionar la vianda. El entrevistador, idéntico. Y si no lo sabe, problema suyo.

Tú sabes que eres capaz de eso y más. Así que transmítelo cada segundo de vida para que alguien vea tu utilidad. Preguntar más al entrevistador no siempre ayuda, pues si ponemos el foco en bobadas no sacamos réditos.

Haz por ganar confianza, que cuando subas de nivel interpelando crecerás tú y los resultados que logres. La vida te tratará mejor mientras sigas siendo un bogavante luchador y cuando menos te lo esperes.

Algunas sorpresas que me llevo son de las que rompen las reglas típicas de que no hay buenos trabajos para júniores o séniores sobradamente preparados.

Por ejemplo, cuando encuentras a gente de veintiocho años, dos hijos y un aplomo que te quedas a cuadros.

Personas que son bogavantes y por las que paras cualquier selección de personal, diciendo aquello de la película *Up in the Air* cuando al final al entrevistador le llega una carta de recomendación con estas palabras: «No nos conocemos de nada. Contrátela inmediatamente. Será la mejor decisión que habrá tomado en mucho tiempo».

CLAVES

- Las redes sociales y las pantallas bien usadas harán de ti una persona aventajada, pero mal utilizadas son una masa de adictos a las pastillas para las farmacéuticas.
- Varias cuestiones a las que es interesante que des respuesta en tu cuaderno de notas son las siguientes. ¿Cómo lucho mejor? ¿Cómo demostrar la confianza y la valía? ¿Cómo representar un papel honestamente? Párate, respira profundamente y ponte con ellas.
- Estés buscando o no trabajo hoy, te ruego que no desistas, que preguntes lo que necesites y que te lo creas. Estando segura de tu valía para transmitirla, caminando con aplomo sin rebajarte ni avergonzarte, sabiendo hablar en público para negociar o renegociar mejor, con buenas rutinas y la humildad de que no depende de ti que te contraten, solo te garantizo una cosa: serás exitosa a largo plazo.

El mañana

1.
Edén

¿Cuáles son tus metas en la vida?

Te dejo reflexionar y cambia la palabra «metas» por otra que te llame más: objetivos, propósitos, sistemas...

Las mías se resumen en hacer el Camino de Santiago que empecé el lunes 9 de marzo de 2020. O mejor al Polo Sur, que allí no llegaré. Probablemente nunca arribaré, como sí hizo Amundsen, pero me lo estoy pasando bien en el viaje.

Caminando como nuestro Antonio Machado. Levantándome a la misma hora, escribiendo o corrigiendo en ayunas con y sin ganas, y viendo cómo te van entrando.

Buscando la mejor manera de expresar lo que sientes.

Para ello sigo un ritual —disculpa que me repita tanto, pero considero que es necesario reforzar el mensaje una y otra vez— previo al desayuno que consiste:

1. En un zumo de limón en ayunas,
2. el momento de lectura de la que paseo descalzo por la cocina mientras se calienta el cítrico,

3. el vídeo de aprendizaje de unos minutos que «gozo» como un niño haciendo flexiones, fondos o sentadillas,

4. la revisión de textos o escritura de otros nuevos,

5. entrar en una bañera helada para que se quite la tontería que sentí al sonar el despertador dos horas antes.

De 5 a 7 de la mañana este es en esencia el sendero diario.

Dudo mucho que me lleve al Polo Sur, pero estoy disfrutando como un niño.

Lo que hago intuyo que será útil a la sociedad y, por qué no decirlo: a ti.

Es vital ponernos en ruta como un buen explorador que va a la conquista por ser un pelín mejor cada día.

Qué grande esa frase de Steve Jobs de «a qué dedicarías tus últimos meses si supieras que la ibas a palmar». (Piénsalo y vete sacando el cuaderno, pues te toca escribir de nuevo).

Uno tiene claro que está en la senda que quiere transitar y que es relativamente feliz cuando haría lo mismo que está haciendo.

Por supuesto que es duro dedicar los primeros ciento y pico minutos tras despertar a hacer actividades en ayunas, cuando en un inicio mente y cuerpo te piden dormir y luego comer.

Y uno no le da eso, sino que escribe y cultiva la salud: mental, espiritual y física.

Antes de comer, debemos ganárnoslo. Siento si esta aseveración te crea un sentimiento de culpa, pero el verdadero dolor es saber día a día que no cumples contigo.

Al llegar a la oficina me recibe el vigilante y dice verme más elegante. Que me notaba como bajo de ánimo tiempo atrás y no sabía si decirlo. Le digo que no estaba centrado. Y que hoy estoy en paz —no siempre, porque nada es perfecto, pero sí la mayoría del tiempo— y por eso voy más animado.

Agarf me mira y asevera: «Sigue así».

Le contesto cuando me marcho «que así lo espero», y pienso para mí: si te contara de 5 a 7 en lo que ando dirías que estoy como un orate, no sin antes pedirle que si me vuelve a ver jodido que avise.

¡Cómo somos los humanos! Todo empieza por la apariencia, los ojos, entra por los sentidos.

Me pongo a trabajar y al terminar disfruto de otro momento de dicha. No solo en el trabajo debemos buscarla, sino encontrarla en la satisfacción de la propia tarea y en conversaciones inspiradoras con el Agarf que tengamos en el trabajo nuevo o en el curso ese que te motiva la leche.

Quedo para comer con Carlsen. (Busca un entorno que te estimule. Tener gente a tu lado mejor que tú, como me ocurrió a mí con Carlsen, puede ser un aliciente para que transites bien el sendero de la vida). Recordamos pasajes desde que nos encontramos en la guardería y siento cómo hemos cambiado. Me alegro de no haber perdido el norte del todo. Desviado sí, descarrilado no. Disfrutando de las personas que quiero. No siempre lo he hecho.

Hace más de un lustro le di la pasta a Carlsen para un viaje que no iba a hacer. Por la habitación que íbamos a compartir en Berlín. Fíjate si fui imbécil que aborté la excursión con cuatro amigos el día antes porque Alekhine no quería recibirme en las osadas, lícitas y, sobre todo, absurdas reivindicaciones de ascensos, lloros y lamentos.

¡Idiota! Por experiencia te imploro que jamás hagas el canelo y caigas en el desánimo por perseguir lo material.

La auténtica felicidad no está ahí.

La verdadera meta tampoco es esa, y sí que se encuentra en afinar tus sistemas para ser un pelín mejor en el devenir de cada jornada.

La paz interior de la que tanto se habla y unos pocos —desgraciadamente los menos— avezamos con nuestro esfuerzo diario son las pequeñas cosas como las que te narro en estas líneas.

Por ejemplo, que Agarf te quiera a su manera; que Carlsen siga siendo tu camarada otros cuarenta años; o que disfrutes como un becerro con tus hábitos de tarado desde que te levantes de la cama.

Pero recuerda: el proceso de mejorar tus sistemas será, por épocas, tortuoso.

Si algún día llegamos a nuestro Polo Sur, te animo a que pongas todo de tu parte para salir indemne de los ácaros rojos, de los -60 °C que te vas a encontrar, o del malestar que vamos a sentir por estar a 3.000 metros de altura caminando hacia el edén.

 CLAVES

- Pienso como tú que es mejor no comer la marañuela hasta que te la hayas ganado. Fuera bromas, concéntrate que ahora nos toca contestar a ti y a mí: ¿qué haría yo en mis últimos seis meses de vida si supiera que la voy a palmar? Terminar este libro. ¿Y tú? Vuelve atrás a los espacios para pensar, saca la libreta y cuéntate tu verdad.
- Sé fiel a tus convicciones y vivirás más tranquilo gracias a cumplir contigo. Fállate en demasía y muy difícilmente hallarás la paz interior. Te lo digo mejor, para que tengas presente mirar por el bien común: haz por convertirte en una versión de ti con la que te sientes a gusto y en la que mejores en algo la vida de los demás.
- Hay gente que está muy presionada; mi caso era otro: el bobo era yo «flagelándome». Por experiencia te digo que cuando uno se centra más en lo de fuera que en ser mejor por dentro, solo cabe un resultado: el fracaso de que «la mente te domine». Si te ves reflejado, te garantizo que puedes mejorar desde ya haciendo pequeñas cosas cada día. Sigue leyendo y lo verás más claro.

2.
Planes

Cuando te digas que ya valió, que sea porque tienes un plan mejor.

Tras una vida dando golpes a las columnas, esta es la principal idea que te dejaría si solo tuviera quince segundos para hablarte: No me arrepiento de los innumerables traspiés que he tenido. ¿Sabes por qué? Porque no han sido fracasos. Ni errores.

No hay fallo si aprendes.

Hoy sí tengo el coco en su sitio, dispuesto para la batalla. Algunas veces lo estuvo; otras, la mayoría, no.

La mente juega malas pasadas y en mi caso, en pocas ocasiones la tuve de mi lado. No sabía cómo domarla. Con nuestros egos queriendo ser más de lo que uno es cuando tenemos más de lo que necesitamos. Esa es una gran noticia que tengo para ti.

Estés con el coco de tu lado o te tenga «esclavizado», por mi experiencia de estos años escribiéndote, sé que podemos gobernar nuestra mente.

¿Que cuesta mucho?

No hay duda.

Los días donde estás a oscuras, con la linterna apuntando a la libreta que sostengo, son una odisea para tu fuerza de voluntad.

Claro que sigo cagándome en todo cuando las aguas se ponen bravas, pero hay que apañarse con lo existente.

Y la mente ahí es nuestra enemiga acérrima.

Siempre hay días duros. Y mucho peores que este:

- Cuando llegan las enfermedades graves o las muertes de tus seres queridos,
- el hambre tremenda,
- y las decepciones fulminantes.

Y todas estas sandeces de que:

- Nos molesta un poco la cadera o el cuello,
- que no sabes cómo colocarte en la silla para estar cómodo,
- o que la luz no alumbra bien y la linterna molesta a los ojos; pasan a ser memeces en toda regla.

Por eso está bien saber que vivimos quejándonos por chorradas que magnificamos.

Aquí y ahora no necesito más que la chaquetilla para soportar el frío, una libreta a cuadros para seguir las líneas, el lápiz, el tajalápiz, la goma, el móvil para alumbrar y el zumo de cítrico diluido en la botella de agua para quitar el hambre. Bueno, lo cierto es que también preciso de algo muy importante: de sentir tu cariño. Me emociona ser consciente de que quiero y puedo ayudar con estas líneas a quien pase o pasará por situaciones similares. Con esto, y mi gente cerca, me sobra todo.

Desde hace unos años, y es con lo que quiero que te quedes desde que empecé a escribirte aquella insufrible mañana de sábado de 2020, he ido incorporando paulatinamente una serie de buenos hábitos que han desplazado a otros que no lo eran.

El de escribir fue de los últimos que interioricé y es junto a rodearme bien, la lectura, el deporte —moverte caminando tus treinta o sesenta minutos diarios créeme que te ayudará, haz la prueba durante unos meses y te aseguro que tu salud mental y física mejorará y los dolores remitirán— y el madrugar, el que más me ha servido para mejorar la mente y que no me boicotee tanto.

Ahora ya la tengo de mi lado, no siempre, pero sí en la mayoría de los momentos, y esto marca la diferencia entre que sigas o te rindas.

En los momentos duros, hay una cosa
que siempre te servirá: el poder de tu mente.

La fuerza de voluntad que has generado para hacer día a día todas esas pequeñas grandes cosas que nos hacen ser un pelín mejores.

 CLAVES

- La queja y buscar culpables fuera es deporte nacional junto con la envidia, por lo que cuando lleves un minuto haciéndolo mira dentro de ti qué puedes hacer mejor en tu día a día e interpélate: ¿yo qué puedo hacer para arreglar esta situación? Si ves que no hay nada que hacer, pasa pantalla y no vuelvas atrás.
- La única manera de que nuestro coco nos respete es que nos hagamos respetar. Para ello, márcate pequeñas metas que sabes que le van bien a tu mente (lectura, escritura...) y a tu cuerpo (deporte, etc.) y concéntrate en hacerlas cada día para poder aflojar el sufrimiento y encarar un cambio. Sé que me repito, pero lo hago a propósito, así que lee esto atentamente: seguir unas rutinas adecuadas te ayudará a alcanzar tus metas y a algo todavía más importante... refuerza tu identidad porque ganas en autoconfianza al ver que no te fallas.
- Fracasé y erré, ¿y? Empecé a escribir abatido y sin un plan pero como insinúo unas páginas más atrás en «Palabra» y como leerás en las «Confesiones», alguien que cree en el poder de transformación de las personas vio

que necesitaba ayuda y que ordenando las ideas que estás leyendo haría algo útil para mí y para los demás. Este fue el origen de todo. Y ahora te pregunto a ti de nuevo: ¿qué estás haciendo con tu vida y qué quieres hacer con ella?, ¿cuál es tu plan?, ¿quieres contribuir o solo arreglar tu vida? Si las respuestas no te agradan, sigue leyendo...

GRÁFICA DEL PROCESO DE CRECIMIENTO PERSONAL

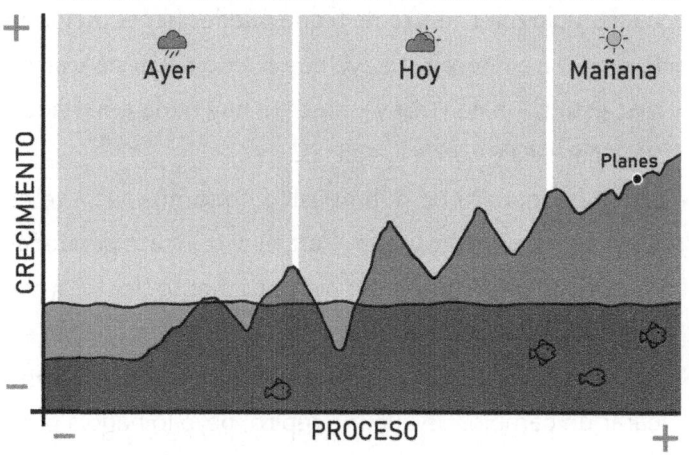

Confesiones

Te voy a mostrar mis hábitos, los que me han hecho mejorar en estos más de cinco años de aplicación sistemática y pasar de ser un llorón consumado a alguien que se queja un poco menos. (Permíteme que te lo diga así, pero si no me lo creo yo, ¿cómo vas a creerme tú a mí?).

Estoy convencido de que alguno puede venirte bien a ti. Prueba, por favor. Si te cuento cómo (progresivamente) llegué a aplicarlos y que me cueste menos, no te lo creerías. Me sorprende que hoy lea o escriba a diario «sin darme cuenta» de lo que estoy haciendo y por eso confío en que lo mismo pase contigo.

Con esa mirada te escribo, para hacerte pensar y que veas si puedes mejorar desde ya. Ahora bien, busca lo que te funciona a ti: mi pastilla puede que no te sirva. Quizá muchos no te van bien por lo que sea y, entonces, lógicamente, tendrás que acudir a tus hábitos y no a los míos. Te pongo un ejemplo: yo sigo la ratio de distribución de horas 8-10-6 de trabajo, ocio y sueño, que es la mía y que no tiene por qué ser la tuya.

Te detallo este tema de los hábitos porque me «salvaron la vida» de un destino turbio. Sí, encontrar hábitos correctos para mí, me ayudó a dejar otros que me estaban matando: beber por beber era de los peores. Hoy sé cómo aclarar ese albur, aunque «algún vicio hay que tener».

Dicho esto, tan personal, te ordeno el ritual de «buenos» hábitos que te he expuesto —algunos varias veces— a lo largo de *Voluntad atómica*.

Lo relevante es que pienses si alguno puede servirte. Para saberlo, empieza por uno y sigue con él todos los días. Si no te encaja, apártalo y vete a por el próximo de la lista. Hacerlos todos a la vez no suele funcionar, por lo que cuando tengas un hábito interiorizado, empieza con otro e intenta acumularlos. (Créeme, si vas paso a paso te estresarás menos que si pretendes arreglar tu vida de golpe).

Ahí te van los míos junto con los beneficios que obtengo de cada uno.

Deporte

Caminar, correr, piscina, sexo, pesas, dominadas, bailar, patinaje... ¡qué más quisiera que hacerlos todos! Ahora bien, con aplicar un par de ellos a diario ¿crees que estarías mejor? Si puedes elegir solo una de estas actividades, aparte de la que estás pensando, sí, no mientas, que todas las personas somos esencialmente iguales, camina. Se puede caminar (algo) hasta trabajando, y si quieres mejorar la salud y tu relación con el deporte

—sí, caminar para mí lo es y encima pienso que es el mejor deporte a largo plazo— no lo dudes: caminar es cuidarte.

Escritura

El sábado 28 de noviembre de 2020 caminaba por el parking de un centro comercial cuando Kaspárov me llamó para decirme que un escrito inconexo, sincero y lleno de negatividad que le había mandado —es el capítulo «Malviviendo» de esta obra y fue lo primero que puse negro sobre blanco— estaba bastante bien. Que siguiera. Y seguí. Ahora sé que lo que le envié estaba «bastante mal», no tanto en la calidad literaria, sino en el estado de ánimo que tenía de aquella. Ese texto se depuró en estos años —y lo mismo se hizo con los siguientes— para quitar «la paja» de la paranoia que arrastraba e intentar darle un mensaje más positivo a una realidad que veía solo negra. Gracias a que seguí —me emociono solo de sentir el teclado y pensar en escribirte— puedes ver aquí estas palabras y con las que sueño poder ayudarte al igual que lo hicieron conmigo.

Lectura en papel

Jamás te aburrirás si llevas contigo *Los tres mosqueteros*, *Los miserables* o *Frankenstein*. Da igual que estés en un atasco, a punto de coger un avión o esperando a que te entre el sueño y encontrarte con Morfeo: leyendo te calmarás y aprenderás, hasta el punto de que llegará un día en que —como escribe Irene Vallejo en *El infinito en un junco*—, el amor a los libros sea parte de ti. Los beneficios de la lectura son tan abrumadores que no podrás dejar de leer, andarás menos con el móvil y tendrás una mayor desconexión digital. Serás tan *offline* como *online* y eso es cada vez más necesario para cuidar nuestra salud mental.

Cultiva tus aficiones

—¿De qué te estoy hablando?

—Cuando descubras lo que más te gusta, dejarás de preguntarme esto. Busca lo que hace que no mires la hora y estarás más cerca de encontrar eso que te apasiona. Es uno de los mejores hábitos: tratar de ser lo mejor que podamos con lo que más nos llena.

—¿Qué no ves las ventajas de leer o escribir?

—Diría que es al revés: «carece» de aspectos negativos, dado que pensarás mejor, te concentrarás más y te dispersarás menos. (Si tengo que quedarme con una cosa que me saque de los pensamientos negativos aunque a veces me duela hacerla, sin duda es esta: releerme y reescribirte).

—¿De qué me vale pensar mejor?

—Pasemos al punto siguiente, porque si no quieres verlo, habrá que dejar que estas palabras calen en ti en otro momento. Ese día acabará llegando.

Pero antes de continuar, por si no te motiva leer o escribir a pesar de sus bondades y si prefieres charlar con los buenos amigos largo y tendido de tus preocupaciones y de tus cosas, coleccionar monedas, bolis o cartas de Pokémon y de Magic, jugar al ajedrez o a la petanca en tu parque más cercano, escuchar música, hacer cerámica, repostería, coser, tejer o dibujar... ¡Hazlo!

Cumplir con tu palabra

Fallarte sabes que es doloroso. De ahí que te pida lo siguiente: procura seguir el guion de tu vida y pelea «a muerte» por lo que creas si no quieres insultarte a solas ¿por qué no lo intenté?

¿Dudas qué algunos hábitos nos hacen ser más productivos o de que cumplir con nuestra palabra mejora la autoestima? Párate a pensarlo de nuevo y hablemos más adelante otra vez sobre esto.

Rodearte bien

Ver a tu gente, a tu madre, hijos, pareja... al compañero que siempre ve en ti posibilidades o a esa persona que siempre aparece cuando nadie viene.

—¿Piensas que serás mejor siendo un ermitaño?

—Difícil (por no decir otra palabra más contundente) será que me convenzas de que sin un entorno adecuado te bastas y te sobras. Tenlo claro: sin los demás somos peores y es vital tener «cerca» a alguien de confianza, afín, que sea una referencia para nosotros. En lo que comulgo es en ese matiz que haces de rodearte de personas que crean en ti y que te aporten más de lo que te resten. ¡Aléjate en lo posible de los seres destructivos! En serio, olvídate de mí si sigues dudando y mírate cualquier entrevista personal de Ana Mena y verás a qué atribuye la clave de su éxito (sostenido) en el tiempo.

—Y una pregunta más. Si el mundo no es justo, ¿podemos de verdad cambiarlo?

—Claro que sí con la gente que nos rodea más o menos cerca y que si todos lo hacemos se van encadenando los cambios.

Pero ya que estamos con confesiones, el Adolfo que refleja fielmente mi sentir de hoy se encuentra en las claves que has leído al final de cada capítulo. Lo demás también, qué conste, pero estas claves son el reflejo de que soy mejor gracias a los demás (sirva de ejemplo el equipazo de Plataforma y el excelente trabajo de revisión, producción, edición y coordinación que he visto desde los primeros borradores) y que mi escritura ha evolucionado gracias a la contribución y a las correcciones que me ha hecho mi gente: la del «Prólogo» y el «Sobre el libro» que ya has pasado, y la del «Epílogo» y la «Personagrafía» que leerás.

Sin rodearme bien, este libro no habría existido ya que lo terminé de escribir porque nos fuimos retroalimentando unos a otros hasta hacerme consciente de que si el libro resultaba útil a mi círculo más o menos próximo y a las personas que más admiraba, podía ayudar a cualquiera.

Baño helado

El periodista Juan Ramón Lucas hace lo mismo en el mar asturiano y dice que es su mejor hábito. «Locos» de las bondades del agua gélida hay en todas partes, pregunta a los rusos. En mi caso, ese baño helado en ayunas me aporta la paz de saber que he cumplido con la exigente rutina matutina de trabajar la mente y el cuerpo. Me digo en ese minuto que me zambullo en la bañera: «Te has ganado el desayuno». De noche, no siempre —lo reconozco—, pero, cuando siento que lo necesito, hago algo parecido. Solo que con agua caliente —cierto que recomiendan tibia— y mucho más largo. Raro que esté menos de treinta minutos. Pruébalo por favor, que según el tipo que elijas, activa —el helado— o relaja —el baño caliente—, pero ambos tienen efectos comunes: te serenan y reconfortan. ¿Incómodo? De primeras sí, como con todo, pero te acostumbrarás cuando notes sus beneficios.

Desayuno de reyes

¿Qué hemos hecho nada más levantarnos para ponernos a comer aparte de dormir? ¿Es gula o es hambre real lo que tenemos? En mi caso y sé que no soy el único, es más gula. (Hoy día para hacernos los interesantes y alejarnos de los pecados capitales los nutricionistas llaman a la gula hambre emocional). Por tanto, para «hacer hambre» suelo trabajar la mente y el cuerpo, y luego sí, desayuno como un rey. ¿El qué? De todo un poco. No mido cantidades, ni desayuno siempre lo mismo, pero la ingesta es copiosa y procuro que sea saludable.

Una aclaración: hay días que me levanto con un hambre canina. Lo que me salva de «atracar» la nevera nada más levantarme es el hábito del zumo de limón en ayunas, muy refrescante y, sobre todo, saciante. Una maravilla, con el hándicap de que estriñe y puede dañarte el estómago o el esmalte de los dientes si no lo tomas con pajita. Por lo demás, un remedio magnífico para mantener tus buenas rutinas sean las que sean.

Te cuento esto porque cada día es más difícil comer bien —increíble, pero cierto: ¡mira la cantidad de azúcar, sal y grasa de los alimentos!— y como me dice Caruana: «Estar en forma es hoy un artículo de lujo».

Otras pautas de comida que ayudan a mantenerse saludable durante el día: más acelgas y menos hamburguesas —todo plato debe tener una cantidad de verdura—, una manzana antes de dormir, o que bebas mucha agua ante la duda ya que, insisto, en el primer mundo zampamos por ansiedad, gula o aburrimiento, no por hambre real. Lo que hago y que te servirá es tener botellas de agua al lado en «todo» momento: en la oficina, en el coche, al lado de la cama... Tampoco perdono la media docena de huevos a la semana, tener tres o cuatro piezas de fruta «a mano» —el vehículo es un salvavidas si andas alejado del hogar y te es más difícil—, comer más en casa —fuera lo imprescindible—, menos cubatas, etc. Vale que de algo hay que morir, pero intoxicarte de más te reitero que no es la mejor manera.

Uno de los mejores hábitos de salud es el archiconocido ayuno. Pero con cerebro, sin hacer caso a los remedios milagro, que esos no existen. El que te recomiendo es uno retrasando la pitanza doce o catorce horas, tres o cuatro días a la semana. Es más fácil de hacer de lo que pensamos: cenando pronto y desayunando algo más tarde, con la rutina que te comenté más arriba, realmente no es difícil seguir un sano ayuno intermitente que permita descansar a nuestro estómago y tener un proceso de digestión fetén.

Puedes hacerlo si te lo propones.

Cenar bastante ligero —a ser posible entre las seis y las ocho de la tarde— y desayunar fuerte entre las siete y las ocho, solo con eso y unos pocos «trucos» de alimentación de los que acabo de citar, te sentirás mejor por dentro y mejorará mucho el aspecto por fuera.

Parar para pensar

Lo necesitarás si quieres progresar. Como suele decirse en el argot popular, aprendemos a leches (por dolor) o por voluntad (por discernimiento). Bien sea porque la vida te golpee (y lo hará muchas veces) o porque tú te des cuenta por las buenas, tendrás que parar. Parar para reparar. Y beber tranquilo, quieto, para no «morirte de sed». (Si lo haces en movimiento, te atragantarás con el agua).

Quédate con la idea. Es cierto que es fantástico tomarte treinta minutos a primera hora de la mañana y sentarte en el sofá sin hacer nada aparte de pensar en el día que crearás. ¿Pero no puedes hacer lo mismo en la bici estática, caminando, corriendo o nadando en la piscina? Párate y piénsalo.

Además, haciéndolo te reconciliarás con tu yo de ayer, el culposo, el que se fustiga por lo que no salió. Reconocerás los fracasos y errores como te transmito en «Planes», sin sentirlos como fracasos ni errores y afrontándolos con responsabilidad pues ya has aprendido que todo lo que te pasa forma parte de un proceso de crecimiento infinito y disfrutas del presente. (Cuando notes cómo tu mente te sabotea y la duda te inmoviliza, pregúntate: ¿qué puedo aprender de todo esto y cómo puedo avanzar? Con una sola vez que salga bien, compensará veinte o treinta que estén mal. El proceso es vital, no es solo el resultado final, es saber que estás progresando ese 1 % deseado cada día y que cada vez dominas más a tu mente y menos ella a ti).

Parar también nos da otras cosas fundamentales: foco, centra las ideas, ayuda a pensar en el día que crearemos, a reflexionar con sentido común, a no creérnoslo todo sin observarlo con ojo crítico.

Conducción disfrutando

¿Y cómo llega uno a este punto? Pues en mi caso, habiendo pasado por el punto contrario. Por el del estrés, las prisas, porque me quitaran bastantes puntos por velocidad y tener que hacer dos cursos de recuperación parcial de puntos. Y aprendiendo de los errores. (Por si dudas de lo que te digo, mira lo que le ocurrió a Diogo Jota —DEP—). Más importante que el «dolor en el bolsillo» de las multas ¡y mira que ya es!, es ser consciente de que te estás dejando la vida por no saber dirigirla. Cuando uno llega a esta conclusión, empieza a disfrutar de la conducción: vas más despacio por lo general, estás centrado y a la vez agradeces poder coger un volante... Hasta lees relajado mientras la gente pita desaforada en los grandes atascos que duran decenas de minutos. ¡La DGT debía dar un punto extra a los que disfrutan de la carretera!

Desgraciadamente, vamos tan como pollos sin cabeza a todos lados —por no decir follados— que no nos damos cuenta de que podemos hacer las cosas de otra manera: sin coger el volante tras beber alcohol, sin escuchar de tu madre «no me llames conduciendo, por favor», etc.

Ya, ya... ¿y cómo llega uno a serenarse antes de coger el vehículo o durante un viaje problemático?

Pues tendrás que buscar tu manera. Yo conozco la mía, si bien algunos de los hábitos que te propongo en este capítulo pueden servirte a que estés con la energía como deseas a la hora de conducir.

Madrugar

Sigo con disciplina una misión diaria personal y vivo con un propósito y a propósito cada día. Con esto quiero decir que tengo un para qué definido: ayudarte a que desarrolles entusiasmo (útil), voluntad (atómica) y fe (ciega) para ser «un peón en sexta» y que así puedas gestionar mejor las «leches» que te lleves. Esta es la razón que me levanta de la cama pronto, que es cuando pienso mejor.

—¿Qué por qué lo hago?

—Veo que no te ha quedado claro tras la lectura del libro, por lo que te lo repito, ya que, como decía Chesterton, lo más importante es que nos recuerden las cosas: porque confío en las posibilidades de los seres humanos. Y confío en ti. Si yo he podido, ¿por qué tú no? Asumo que lees esto porque pagarás el precio que supone mejorar y este es el único requisito que debes cumplir desde ya.

Quizá lo de madrugar lo ves imposible por la razón que sea: horarios familiares, por el trabajo, o porque eres más productivo de tarde o de noche. Lo verdaderamente importante es que sigas un plan que te guíe y que hagas por cumplirlo, no la hora que te levantes; esto último es secundario. Así que, si lo de madrugar no lo ves, déjalo a un lado. Ningún hábito es para todo el mundo.

Lo que sí conviene es que duermas un mínimo de horas de calidad ya que el descanso es fundamental para vivir más y pensar mejor según dicen todos los expertos del sueño como el doctor Eduard Estivill. Pero soy consciente de que la calidad de las horas es tan importante —o más— que la cantidad o, dicho de otro modo, noto que lo más importante es descansar bien, no dormir mucho. Como dice Marian Rojas Estapé en su libro *Cómo hacer que te pasen cosas buenas*, «la ciencia del sueño lo que postula es que no depende tanto del número de horas que uno pasa en la cama, sino de los ciclos de sueño de hora y media realizados». Calcula las que precisas dormir y haz porque te salgan tomando como referencia el ratio 8-9-7 —que en mi caso es más un 8-10-6— de trabajo, ocio y sueño. ¿Vives ya respetando este juego de equilibrios? Pues ya sabes...

Sueño

Para que no haya dudas: seis o siete horas (siete y media con la teoría de los ciclos que propone Marian) de buen descanso. En mi caso, desde que combino los hábitos que aquí te relato, con seis de calidad es suficiente para despertarme con energía para todo el día. Hace siete años te hubiera dicho que necesitaba ocho y lo único veraz es que bostezaba más mientras estaba despierto de lo que lo hago hoy y que vivía más cansado.

Haz porque lo que duermas sea espectacular. Fíjate que te digo haz: ¡es de ilusos esperar que el sueño reparador llegue de la nada si no haces porque lo sea! Y para esto, para que el sueño sea óptimo y duermas «del tirón», la mejor forma que conozco y que respalda la ciencia médica actual, es que te vayas «reventado» a la cama. Caminar mucho, practicar zumba o nadar te ayudarán seguro.

Descalzo a las 5 a. m.

El ritual de madrugar empieza a las cinco en punto tras poner los pies descalzo en el suelo y caminar así hacia la cocina cruzando el dormitorio y el pasillo. ¡Pruébalo! Si eres una persona sana, ni el suelo frío de tu casa ni el invierno te harán coger más catarros y te lo digo por experiencia que no he cogido ni uno desde que hago esto a pesar de usar menos bufandas.

Gracias a estas locuras entro en calor y me evoca lo que soy: un peón como el protagonista de este libro.

¿Lo que viene luego en esas dos primeras horas?

¿En serio me lo preguntas? ¿Tú leíste *Voluntad atómica* o empezaste aquí en esta página directamente? Fuera bromas, te insisto en lo dicho para que lo recuerdes siempre: si no te encaja madrugar, dormir seis o siete horas y media o andar descalza al despertar —tus razones de peso tendrás—, no pasa nada de nada. Lo más importante es que busques los hábitos que te funcionan a ti y que los sigas cada día.

Manejar las emociones

Una de las áreas de mejora de muchos y, sin duda, también mía.

—¿La teoría para manejarlas?

—La sabemos: fuera quejas y no dejar que la mente nos domine. Saber gestionar tus estados de ánimo y mantener el control emocional es de lo más necesario —y complicado— que afrontamos las personas.

—¿Cómo reaccionas en los días malos?

—En mi caso, no siempre como quisiera, pero sé que estamos en el camino dado que siempre llevo unos pantalones de correr en el coche —no alcohol envasado— por si me veo muy «tocado» durante el día y me pongo a caminar o a trotar una horita. Cualquier emoción de ira, angustia o tristeza mejora por el mero hecho de hacer un poco de deporte, a ser posible, a una intensidad medio-alta. Por tanto, si caminas, hazlo rápido o algo más rauda que al ritmo habitual.

Quítate la coraza y muéstrate vulnerable, que es compatible estar alerta y protegerte de los vampiros emocionales con ser uno mismo. Sí estás desanimado y necesitas mostrarlo... ¡adelante! Pero recuerda el dicho de mi madre: «Lo que hagas, hazlo bien». Lo curioso es que, por mucho que nos digan y que defienda que tengamos cautela con mostrarnos, a mí me funciona mejor ser yo mismo y sacar a la luz los estados de ánimo, aunque sean negativos. ¿Sabes lo bueno de todo esto? Que son temporales y antes o después los malos tiempos pasarán, así que depende de nosotros hacer que el rayo se vaya antes.

¡Ah! Y confía en los demás. Te entenderán. Y si no, tienen dos trabajos: enfadarse y desenfadarse. No te tragues el enojo, que cuando salga será peor para ti. Dicho esto, que quede claro: procura desahogarte con personas que notes que quieran ayudarte a salir del túnel y no con aquellas que pretendan meterte en un pozo, pues estás débil emocionalmente y en esos momentos eres más influenciable.

Por cierto, otra opción saludable para el que no sea deportista y que ingiera demasiados sugus o ron —hábitos muy peligrosos a largo plazo, sobre todo el segundo—, es relajarte con actividades manuales: hacer puzles, crucigramas, esculturas, pintar, mariquitas de papel, bordar, tejer, planchar, fregar, jugar al dominó o a las cartas, pasear con tu mascota, etc. Es muy importante que lo que hagas requiera estar con otros seres. Y si son humanos, va de cine hablar con los demás ya que implica dos aspectos esenciales que nos ayudan a gestionar las emociones: una es aprender y la otra es compartir.

Diario: de gratitud y de ideas

Es impresionante lo que me ayudaron libros como *La vida que florece*, el libro de Martin Seligman, el padre —o uno de ellos— de la psicología positiva. En este caso, sobre todo, por la recomendación de escribir cada noche tres cosas buenas que te pasaron durante el día. Las primeras veces que lo hice no era constante —no era un hábito— y me costaba encontrar esas cosas beneficiosas que me sucedían. Era habitual estar minutos y minutos hasta dar con lo bueno y ponerlo por escrito. Tras años y años haciendo lo mismo una noche y otra puedo asegurarte de que te saldrá «sin esfuerzo» hallar lo positivo. Es más, cada jornada se te agolparán más y más en la cabeza y tendrás que descartar para quedarte con tres.

¿Para qué te sirve este ejercicio?

Lo sabes bien: ayuda a parar, valorar y agradecer más, pues ahí tienes una respuesta maravillosa para vivir mejor, poniendo reflexión y paz interior en tu existencia.

¿Y que cómo lo haces? Puedes hacer una lista en el móvil. Yo es lo que hago. Te llevará menos tiempo que redactar una parrafada y el efecto es el mismo: balsámico.

Otro diario que alimento cada jornada es uno de ideas donde anoto en un grupo de WhatsApp conmigo mismo todo lo relevante que me va pasando y que luego reviso periódicamente ya que me da orden para actuar en la lista de tareas pendientes y seguir los planes enfocado en el presente sin perder de vista el futuro.

Hagas esto cada día o semanalmente (los últimos estudios de Harvard dicen que es mejor que esta revisión sea semanal y no diaria para que no sea un acto mecánico), lo cierto es que volvernos más agradecidos nos ayuda a vivir más felices y en el hoy y menos depresivos o ansiosos al no pensar tanto en el ayer ni en el mañana. Y no es solo que ser agradecido te haga estar mejor, sino que a la inversa también es verdad: sí estás bien, serás más agradecido.

Vídeo o pódcast motivador

Raro es el día que no lo ponga mientras hago unas pesas a primera hora de la mañana después de leer y/o escribir y antes de desayunar; el ritual de trabajar la mente no termina hasta que veo uno.

—¿Qué me aporta?

—Orden al desorden. Las ideas se colocan para hacer el puzle con esas piezas que andan por ahí dispersas en nuestras cabezas.

Es colosal lo que ayuda a las personas combinar el trabajo físico y mental. Además, con un vídeo de este tipo no solo te animas, sino que te llevas algo útil. (Busca uno para fines de aprendizaje y no solo para pasar el rato). ¡Ah! y no vale la excusa de que es muy pronto y estoy medio dormido, de que no tengo sitio en casa y que molesto a los demás... ¡póntelo en el coche de camino al trabajo y escúchalo que es perfectamente compatible conducir seguro —mira a la carretera, no al vídeo— y a la vez aprender al volante!

—¿Calmarme con un vídeo?

—Mejor todavía con un pódcast de audio, que así evitamos la tentación de mirar a la pantalla y centramos los ojos al cien por cien en la vía. Pruébalo y me dices. La energía no la tendrás en enfadarte y sí en conducir y aprender.

Ayuda concreta

—¿En qué?

—En coger la pelota del suelo que salió del campo de rugby y devolverla a este, hacer el pago mensual a la ONG con la que colaboras, guiar como un ciudadano de bien aparcando el coche a una persona que ves que tiene para rato... Busca tu manera y haz una acción concreta cada día. Reconozco que este hábito me es complicado tenerlo en la cabeza y a veces cuando hago el diario de gratitud cada noche me digo: ¿en qué he ayudado a los demás? Y cuando no es medible la conducta, no me sirve. Entonces —en vez de fustigarme— concluyo: «Mañana lo haces».

¿Somos buenas personas? Pues habrá que demostrarlo; parece difícil y realmente es más un acto de voluntad. No tiene que ser dar dinero a alguien que está pidiendo. Puede ser saberte el nombre y recordárselo a esa persona que vive tan desolada que ya no recuerda casi ni cómo se llama ni quien era en sus buenos momentos. Este hábito, «fácil» cuando lo interiorizas, nos hace mejores ya que se centra en ayudar y además hace a uno más consciente de la existencia de otros seres humanos y de su valor.

Sentido del humor

Me queda mucho para ser «la alegría de la huerta» pero igual tampoco hace falta ser el *showman* y exjugador del Betis Joaquín Sánchez, el *youtuber* de ajedrez José Cuenca (ratatata... búscalo que te encantará, sepas o no de ajedrez), los escritores Charles Bukowski y Isra Bravo (los dos tienen mucha gracia), los del programa APM de la TV3 de Cataluña, o los humoristas Santi Rodríguez y Leo Harlem.

Es cierto que al humorista Eugenio el oficio de hacer reír no le hizo más feliz, pero también es cierto que, en general, los beneficios del sentido del humor son abrumadores: nos acerca a los demás, hace más fácil lo difícil ya que nos permite coger fuerza y ánimo para afrontar mejor los problemas, y lo mejor, no solo ayuda a los demás, sobre todo nos ayuda a nosotros a vivir mejor. (Y a enfadarnos menos).

Por precisar lo ya dicho, la verdad es que me río cada vez más con la vida y de la vida (gracias, Kaspárov, por recordármelo con tu sentido del humor, me haces llorar y reír a la vez, es difícil de explicar, pero espero haber logrado, querido lector, que tengas presente y mires por esa gente que te inspira aunque te duela que te toquen el corazón) porque empiezo a aplicar lo que decían no sé cuántos sabios: «No te tomes la vida demasiado en serio. No saldrás vivo de ella».

Por eso te deseo de corazón que te rías al día tantas veces como hacen los niños y no las que lo hacemos los adultos.

Pero si quiero que te quedes con algo para fomentar el sentido del humor, no voy a decirte que leas y ensayes chistes (que también, hazlo si te funciona), prefiero recordarte que reírse de uno mismo es una virtud enorme que no valoramos lo suficiente, pero necesitamos y queremos gente al lado que tenga sentido del humor.

Te reconozco que quizá hablo tanto de los demás porque tengo mucho que mejorar en este punto y en los anteriores, pero estamos trabajando en ello. (Resulta paradójico —y creo que es una señal de que nos llevamos mejor con el pasado— que empezara este libro hace un lustro sin reírme un ápice y enfadado con la vida, y hoy te incluya este hábito como parte de mi vida).

Entusiasmo útil

Llegamos a las dos últimas confesiones, que son de las que estoy más orgulloso hoy día. Lo cierto es que más de cinco años después de empezar con este lento, tedioso y, por suerte, también progresivo y maravilloso cambio personal (disculpa que este momento pueda sonarte pedante, pero si no me parece maravilloso a mí difícilmente te voy a poder transmitir algo de entusiasmo), me sigue costando expresarte lo que siento y echo de menos hacerte un audio o un vídeo.

Pero no, creo que el mejor ejemplo de esta pequeña (pero, insisto, maravillosa) evolución y de llegar a vivir con entusiasmo, con uno útil (ni por exceso de tonto motivado ni por defecto de muerto en vida) es un día de marzo de este año 2025 que llegué de Madrid a mi querida Asturias a las 05:26 de la mañana. Estaba reventado del autobús, de no dormir casi nada y de las malas posturas, de hacer otro curso más de comunicación para corregir la dislexia y afinar mi manera de expresarme y que me comprendas mejor cuando te escribo.

Disculpa la parrafada, que me he pasado. Si te soy directo, lo único que recuerdo de ese autobús fue poner los pies en Oviedo, andar hasta mi coche, cambiarme de ropa, caminar un rato, esperar que abriera un sitio para desayunar antes de entrar a trabajar y preguntarme una y otra vez: ¿Merece la pena perseguir este sueño de llegar a ser algo parecido a lo que para mí significó Victor Küppers? ¿Merece la pena perseguir este sueño? Reconozco que esta pregunta todavía me asalta muchos días aunque procuro cambiar la palabra pena por alegría o entusiasmo ¿merece el entusiasmo perseguir este sueño? ¡Qué bien suena, por Dios!, pero sí, tenlo claro que lo tienes pero te lo recuerdo, el camino es largo y las certezas no existen.

Pero eso te deseo de corazón. Que se te encoja el alma como a mí ahora por vivir como quieras vivir, me da igual cómo, pero que sea cómo tú quieras vivir. Que llegues a ser brutalmente honesto en dónde mejorar (cuesta mucho no mentirse) y también te deseo de todo corazón que cuando te pregunten «¿Cómo estás? ¿Estás bien», respondas siempre, «Estoy vivo. Muy vivo».

Fuera uñas

—¿El más banal?

—No, al revés. Es un ejemplo de que gestiono mejor la ansiedad y te explico por qué. Tras casi cuarenta años comiéndome las uñas, salvo cuando no lo recuerdo de niño —supongo que ahí no lo hacía aunque nunca se sabe con el subconsciente— llegó un día en que aparté el vicio.

—¿Cómo lo logré?

—Pues no fue con ningún remedio de ungüentos que huelen mal, seguir consejos o deseos de terceros ni cosas similares. Simplemente, siempre quise dejar de hacerlo y nunca pude, excepto media docena de veces unos días a lo sumo. Lo cierto es que no usaba el cortaúñas más que para las uñas de los pies, así que con eso te lo digo todo.

—¿Y qué pasó para que fuera posible?

—Dice el empresario Naval Ravikant «que el hábito no llega hasta que no eres esa persona en la que quieres convertirte». Y le sobra razón con este juego de palabras. Hay un momento, a base de pequeños actos diarios como en escribir esas páginas matutinas —diría Julia Cameron— y de aparentemente insignificantes decisiones, en que cambias tu cabeza y te ves capaz. Ya eres otro. Cejas de insultarte por no verlas crecer.

Dejas de ser la o el que se comía las uñas y pasas a ser una o uno que no.

Ten paciencia y espera el momento para dejar de fumar, pues si realmente quieres dejar de fumar, ese momento llegará.

Estoy convencido de que este libro puede ser el detonante para que decidas dejar esos hábitos que en el fondo detestamos: comernos las uñas, beber por beber, las pastillas... ¿Por qué no puede ser hoy ese momento como me consta fue con las uñas para un compañero de trabajo tras ver una charla mía?

Otros hábitos que suelen funcionar muy bien para la paz mental

El contacto con la naturaleza, amar, segar, cantar, bailar, tejer, «frotarse», afeitarse, compartir en un club de lectura, jugar al fútbol, pescar, investigar una molécula, quitarse el picante, escuchar al bueno de Manolo García, poner una báscula en el baño, hacerte responsable incondicional de tu desarrollo apartando las excusas y las quejas y sin esperar cosas de los demás (ascensos, más sueldo...), sanear las cuentas, saber para qué te levantas de la cama... Y ya que estamos con confesiones, aplícate con los idiomas, sea el que sea, aunque por eso de ser prácticos, empezaría con el inglés. Te lo digo porque percibo que no tienes claro cuál abordar primero.

—¿Que no te apetece ponerte?

—De ponerse sabía bastante Maradona que en paz descanse. Fuera bromas, tampoco a mí me agrada a veces seguir estos hábitos, pero piensa que saber la lengua de Shakespeare te permitirá viajar, entender a la gente que te pregunte, te dará libertad, posibilidades laborales... Si no quieres o no puedes permitirte estudiar fuera, descárgate una aplicación gratuita de idiomas —Duolingo es una opción estupenda— y demuéstrate que puedes hacerlo.

¡Ah! y de paso me lo narras. Sí, me encantaría que me escribas a asfolch@asfolch.com, o vía redes sociales (LinkedIn, Instagram, Facebook, YouTube en el canal *Peonensexta*...) contándome tus progresos y en qué te ayudó concretamente el libro a lograrlos.

Quédate con estas tres ideas que resumen mi experiencia en el maravilloso mundo de la acumulación de hábitos:

Todos pensamos que NO hasta que lo hacemos.

No eres diferente, así que empieza hoy por esos pequeños hábitos: escoge uno que quieras cambiar y sustitúyelo por otro que sabes que te hace mejor. Te llevará tiempo, pero persistiendo y con pasitos diarios, claro que es posible construir una voluntad atómica, que en unos meses te veas haciendo muchas más cosas que te gustan y que te funcionan y menos de las que detestas y que no te sirven. Con esos sutiles cambios, te convertirás gradualmente en una versión mejorada de ti en el tablero del juego de la vida: ganarás en confianza, perseverancia y entusiasmo.

Pero no te engañes, el esfuerzo no es negociable ya que siempre estuvo, está y estará detrás de nuestros buenos y malos resultados. A nadie nos gusta esforzarnos y muchas veces por mucho que lo intentes no va a resultar lo que quieres, pero solo hay una cosa que garantiza el fracaso: no esforzarte.

Si no me crees, hazlo igual.

Es cierto que es un eslogan muy de taza de café, de sobre de azúcar o de pared de bar, pero mira por dónde este sí que resume bastante bien una de las filosofías de *Voluntad atómica*: «Cuidándonos somos más útiles». Te lo digo de otra manera: «Cuídate para poder cuidar».

Reflexiona sobre esto por favor. Qué importante es esto. ¡Reflexionar! Te organiza, te hace ver que eres un peón, una parte más del mogollón y te ayuda a reparar en las necesidades ajenas y eso está muy bien.

Dedica media hora todos los días a pensar un poco en lo tuyo y en los demás y pasa a la acción desde este momento sin excusas. (Los sabios lo dicen mucho mejor que yo con eso de «para, piensa la actitud que tienes, y elige la mejor posible en ese momento»). Crearás un nuevo estilo de vida, que habrá que mantener «por siempre» para no decaer. Aquí viene lo maravilloso y lo complicado de esa montaña que nunca escalarás del todo: comprender que la dicha está, precisamente, en la escalada (se lo he copiado al escritor y divulgador Mark Manson, no soy tan brillante).

Los buenos pensares y conductas repetidas
una y otra vez te acercan —por no decir que
algunas veces te llevan— a donde quieras estar.

Y si no llegas a donde quieres estar, entre el caudal de lágrimas de alegría en el que me encuentro ahora por haberlo dado todo aquí contigo en estos más de cinco años, te aseguro que por lo menos ahora sí que serás «un peón en sexta» y alguien con *Voluntad atómica*.

Conclusiones

Si has reflexionado a fondo lo que haces con tu vida y con tu tiempo, me doy por satisfecho. Recuérdalo: 1.440 minutos. No tenemos más cada día y más nos vale aprovecharlos.

Este texto que tienes en tus manos hizo que creciera y me transformó mientras lo escribía y pulía; un proceso de cinco años ya en el que cambié gradualmente a base de ir acumulando buenos hábitos, donde pasé de no aplicar prácticamente nada, a hacer todo lo que predico.

Por eso sé que es posible convertirnos en una versión mejorada de nosotros gracias a seguir los hábitos que nos sean útiles, pues nuestro éxito o fracaso depende de ellos.

Madrugar, lectura, nutrición, deporte, escritura, sueño, enfoque, entusiasmo... ¿cuáles te funcionan a ti?

Solo espero que, entre el patinete y la bicicleta, el carricoche eléctrico ese que abunda en Benidorm o caminar, el ascensor y las escaleras no mecánicas, o quejarte y hacer, ¡elijas la segunda opción!

Indaga en las rutinas que te elevan ¡y síguelas!

Ten presente ser flexible en el momento de ponerte con tus hábitos; pero jamás en si hay que hacerlos o no. No hay que fallarse con ellos y sustituye malos hábitos por otros positivos.

Me haría muy feliz —y mi ego de escritor novel subiría— si te llevas varias reflexiones que sepa que por lo menos una te puede servir de esta lectura.

Pues ahí las tienes, ¡qué menos tras leerme que dártelas masticadas!

En entusiasmo útil:

- Ten un propósito que te llene. Vida y trabajo (cuando existe una misión que seguir) están unidos y no hay separación.
- Fomenta la amistad. Son vitales los demás para salir del fango, también rodearnos de gente y de un entorno que nos eleve y nosotros somos responsables de dar con uno así.
- No es lo mismo «estar solo» que «sentirse solo», por lo que es indispensable que sepamos sacarle partido a la soledad.
- Mira por ti en primer lugar. Como tú no estés bien, créeme que no ayudas a nadie y que somos un estorbo para los demás.

En fe ciega:

- Lo que tú creas de ti es clave del éxito.
- Afronta los miedos y momentos complicados: pregunta lo que necesites...
- Un rotundo sí al autoconocimiento. Cuanto más sepas de ti, mejor decidirás.
- Guarda por favor mi mensaje para el desánimo: «Del pesimismo se sale».
- Sé buena persona (céntrate en el bien y te irá bien), sé amable y eso recibirás. A la larga te llevas lo que ayudas a los demás con lo que haces y la persona que eres.

En voluntad atómica:

- Los hábitos de acción, por lo menos en mi experiencia personal, son todavía mejores que los de pensamiento, dado que, sean los que sean que te vayan bien, hacen que tengamos una autoestima fuerte (más confianza) y nos cambian la mente.
- La mejora es posible (superarnos) si damos algo a cambio: expresándonos en público, atreviéndonos a correr en pijama a falta de ropa de deporte, etcétera.
- El buen carácter y la suerte nos llegan de no fallarnos con las cosas que cuestan.
- Dedicarte a mejorar es más importante a la larga que el talento natural y puedes lograr ser ese bogavante (persona que se sabe capaz) del que te hablé en uno de los

últimos capítulos. Para ello, gana en fuerza de voluntad (se trabaja y cualquiera puede hacerlo), no pares más que lo preciso para reparar y pelea por tus sueños.

- Por último, ten muy presente el subtítulo de esta obra y convierte el esfuerzo en tu mejor jugada. La disciplina de esforzarte siempre cunde, haya o no resultado positivo.

Todo lo narrado son golpes recibidos que me han hecho vulnerable, pero también mucho más fuerte de lo que era.

_____

Estoy convencido de que esta capacidad
la tenemos todos.

_____

Decide y demuestra que tus minutos son de «peón en sexta».

Epílogo

No se ha consumido la noche y ya llevo muy avanzados mis deberes cotidianos. Otro día más o menos, según la percepción, pero consiguiendo llevar a cabo unos hábitos saludables, tanto espiritual, física como mentalmente. Me siento animado, quizá este libro no le llegue a mucha gente, o sí. Pero solo el reto de mi crecimiento y estabilidad ya ha merecido la pena.

*Espero que le llegue y lo pueda usar
una persona, solo una ya supondría conseguir
el colmo de mi felicidad.*

Tantos años de anonimato, insatisfacción e inseguridad, tantos miedos resueltos en estas páginas, gente de mi entorno que está viendo mi transformación, son testigos de que mi reto está conseguido.

Seguiré escribiendo, seguiré estando para todo aquel al

que pueda ayudar, aportando mis conocimientos y aprendiendo de toda la gente que quiera compartirlo.

Seguiré manteniendo la llama del inconformismo y el afán de mejora, y este es el primero de los muchos libros que veréis de mí.

Adolfín: nunca pierdas el Adolfín que llevas dentro, nada ni nadie te puede parar, tus principios son fundamentales en la transformación de cualquier ser humano. Algunos, como la humildad, son fieles reflejos de tu buen quehacer.

José Alfredo Rodríguez,
mecánico y ganadero, y añado yo, que para eso
soy el autor de esta obra colectiva: ¡el puto amo!

Personagrafía

Gracias por vuestro legado presente y futuro: a Jim Rohn, Ana Mena, Bruce Springsteen, Fernando Torres, Phil Knight, Robert Waldinger, Stephen R. Covey, Eduard Estivill, Carolina Marín, Garri Kaspárov, Mark Manson, Joaquín Sabina, Roald Amundsen, Álvaro Bilbao, Pablo Álvarez, Marcos Vázquez, Rafael Nadal, Joaquín Sánchez, Beth Harmon, Wayne W. Dyer, Julia Cameron, James Clear, Naval Ravikant, Antonio Machado, William Shakespeare, Pablo Picasso, Hermann Hesse, Nicolás Copérnico, Galileo Galilei, Guglielmo Marconi, Alfred Adler, Sigmund Freud, Marian Rojas Estapé, Brian Tracy, Irene Vallejo, G. K. Chesterton, Martin Seligman, Sonja Lyubomirsky, Anne Igartiburu, Ana Obregón, Doña Letizia, Don Felipe de Borbón, Bárbara Fredrickson, Miguel de Cervantes, Tony Robbins, Sócrates, el papa Francisco, Aristóteles, Pablo Motos, Magnus Carlsen, Margaret Mead, Bruce Lee, Amancio Ortega, Cholo Simeone, Ana Milán, Keneth Harmon, Pilar Navarro Colorado, Alejandro Sanz, Ilia Topuria, Brad Pitt, Juan Ramón Lucas, Jesús José Martín de la Gándara, Luis Rojas Marcos, Víctor Frankl, Shane Parrish, Oliver Burkeman, Buenaventura del Charco, Mel Robbins, José Cuenca, Isra Bravo, Dr. Joseph Murphy, Diógenes de Sinope, Eleanor Roosevelt, y a Juan Domínguez y Sergio Beguería —los dos máquinas del pódcast *Tengo un plan*—, al San Francisco, a los auriculares con cables, a la playa de Salinas, al video del BBVA, al folio del kit, a las empresas de trabajo temporal, a las piezas de ajedrez, a la película *Intocable*, a la serie *Gambito de dama*, a mis hermanos, a mis padres, a mi Mari... A todos los sabios y expertos que salen en estas páginas y que han sido y son referentes para mí pero, siendo honesto, la «Personagrafía» que te relato está dedicada a mi gente, la que tengo siempre en mis pensamientos y en mi corazón.

Ahí os va un pequeño homenaje a todas las personas a las que debo quien soy y que estáis muy dentro de mí en estas páginas.

A Kaspárov (el mío, no el jugador de ajedrez): «O empujas, o te pudres».

A Harmon (la mía, no la de la serie): «A alguien que tiene un proyecto claro y le dedica más de cinco años, solo le puede salir bien».

A Trujillo: «Hay que preocuparse por los demás, ocuparse de los demás, pero no basar tu vida en los demás».

A Caruana: «No eres Gladiator, pero sí que estás en la arena del circo como todos».

A Anand: «Caminamos en automático pensando que todo está bien y no lo está. Detrás del "muy bien" se esconden multitud de estados emocionales».

A Fisher: «No me faltes nunca, chata, que sin ti no soy nada».

A Carlsen: «Si no te pasas, llegas bien».

A Bollo: «He cambiado mucho, me lo dice mi mujer».

A Agarf: «Si no lo encuentras, no lo necesitas».

A Vallejo: «La persona que nadie imagina capaz de nada es la que hace cosas que nadie imagina».

A Smyslov: «Mientras esté tu madre, ayúdala».

A Lasker: «Lo que hagas, hazlo bien».

A Spassky: «Puedes hacer grandes cosas si centras algunos temas».

A Topalov y Karpov: «Si no haces lo que te funciona al despertar, luego no lo vas a hacer».

A Xilef: «Adolfo, no es casualidad, es causalidad».

A José Manuel: «Mientras duermo, no vivo».

A Ochan: «No somos nada».

A Odnanref: «¡Qué bien quedan esas piezas de ajedrez ahí en el despacho!»

A Miguel Morán: Por hacerme entender lo de «Primero tú, luego nadie, a continuación los demás».

A Julio Rodríguez: Por formarme.

A Mercè Castro: Por su sinceridad.

A Jordi Nadal: Por confiar en mí.

A Víctor Küppers: Por su grandeza y humildad, por hacerme reír y emocionarme. Y porque, aunque diga con tino en el prólogo «que vivimos en un mundo que se ha vuelto loco», gracias a él yo estoy menos loco.

A ti, sí, a ti. Te quiero mucho, amigo lector.

El resto que no detallo ahora como es el caso de Gara, Kosteniuk, Nakamura, Salov, Polgar, Anairda, Arual, Cramling, Anele, Navi, Adams, Alekhine, Amsiul, Ninomar, Timman, Llaneza, Illescas, Epishin, Neleb, Magem, Arual y Redondo, saldréis en los próximos libros que vendrán. Me habéis hecho lo que soy y lo agradezco.

Este es el verdadero éxito del libro. Haber logrado que Kaspárov y Kaspárova se sientan orgullosos de poner energía en mí, que Smyslov sea hoy mejor que ayer, que Trujillo lea de nuevo, que Anand vuelva a ilusionarse con sus cosas, que el más grande del desarrollo personal me haga un prólogo, que Caruana me valore, que Cramling me vea como un peón en séptima, que Harmon me apoye con todo, que Lasker me considere su tesoro... En fin, que sienta que he ayudado y que ayudo a mi gente.

Y también, porque pienso que he podido transmitirte la idea que mueve mi vida de que respetarte, quererte y valorarte, es la mejor forma, por no decir la única, de que te respeten, te quieran y te valoren; y porque siento que con este libro he logrado lo que más deseo de corazón, amigo lector:

---

*Que te cuides para valorarte
o que te valores para cuidarte.*

Tanto me da el orden, pero por favor, hazlo desde ya.

Ahora sí que me despido con un hasta pronto y con los deseos con los que acababa el capítulo «Planes». Gracias de corazón por no haber permitido que me rindiera y por demostrarme que es verdad lo que dicen un montón de estudios que miden la felicidad en Harvard, en el edificio comunitario donde residas o en tu casa de campo: es vital tener buenas relaciones para ser más feliz, ya que te hacen vivir más y vivir mejor.

Te quiero mucho, Tahl.

Su opinión es importante.
En futuras ediciones, estaremos encantados
de recoger sus comentarios sobre este libro.

Por favor, háganoslos llegar a través de nuestra web:

www.plataformaeditorial.com

Para adquirir nuestros títulos,
consulte con su librero habitual.

«I cannot live without books».
«No puedo vivir sin libros».
THOMAS JEFFERSON

Desde 2013, Plataforma Editorial planta un árbol
por cada título publicado.